高校辅导员 工作实录

李 岩 著

郑州大学出版社

图书在版编目（CIP）数据

高校辅导员工作实录／李岩著. — 郑州：郑州大学出版社，2023. 9
（2024. 6 重印）
ISBN 978-7-5645-9680-4

Ⅰ. ①高… Ⅱ. ①李… Ⅲ. ①高等学校－辅导员－工作－研究
Ⅳ. ①G645.1

中国国家版本馆 CIP 数据核字（2023）第 071876 号

高校辅导员工作实录

GAOXIAO FUDAOYUAN GONGZUO SHILU

策划编辑	吴 昊	封面设计	王 微
责任编辑	马云飞	版式设计	苏永生
责任校对	胥丽光	责任监制	李瑞卿

出版发行	郑州大学出版社	地　　址	郑州市大学路 40 号（450052）
出 版 人	孙保营	网　　址	http://www.zzup.cn
经　　销	全国新华书店	发行电话	0371-66966070
印　　刷	永清县晔盛亚胶印有限公司		
开　　本	710 mm×1 010 mm　1 / 16		
印　　张	12.25	字　　数	178 千字
版　　次	2023 年 9 月第 1 版	印　　次	2024 年 6 月第 2 次印刷

书　　号	ISBN 978-7-5645-9680-4	定　　价	56.00 元

本书如有印装质量问题,请与本社联系调换。

目录

第一章

探寻辅导员之路

一、辅导员之路的选择

2006 年,我从大连理工大学物理系毕业。由于大学扩招,就业市场开始呈现供大于求的局面。早一年毕业的师兄师姐们硕士毕业后就可以入职高校担任专业教师,只是一年的功夫,硕士突然就不是职场上的抢手货了,就业市场上求职应聘的硕士满天飞。应聘了几家高校后,阴差阳错,我看到某地方高校招聘辅导员的消息。考虑许久,决定应聘。经过层层选拔,我被录用为辅导员。

是否选择当辅导员,其实自己思忖很久。

首先,即将入职的单位离家较近。父母日夜操劳,年龄逐年增长,作为家中的长女,应该离父母近一些,当父母年老时,能够竭尽孝敬之力和照顾之责。"父母在,不远游",对父母的挂念,成为无法说服自己背井离乡的理由。之前选择在大连读书,其实是渴望锻炼。自己知道,从小备受父母呵护,稚嫩又脆弱,不离开父母的怀抱,永远学不会独立和成长,那时抱着破釜沉舟和背水一战的心态,逼迫自己要选择远离家乡和父母的地方去求学和历练。远在大连读书时,由于当时交通还不方便,需要多次转车。有时候买不上火车票,需要坐船抵达大连,轮船上的长时间颠簸让乘船从开始的愉悦兴奋转变为后来的甚为抵触,家乡和求学所在地之间的遥远距离,让思乡之情随着年龄增长逐渐增长。求学时甚为思乡所苦,求职时再没有远离父母的迫切和新鲜,能够陪伴父母,成为求职的基础要求。

其次,遭遇科研瓶颈。攻读本科时,虽然不是特别喜欢自己的专业,但是,学习成绩尚可,而且,凭借着自己的刻苦、责任和意志,完成学业基本绰绰有余。攻读硕士学位时,研究的领域更加细致和深入,科学研究要求科研人员的好奇心和创新力更高。自己还没有建立对专业的兴趣,理解能力也还没有成熟和发展。那时候也没有真正理解和认识自己所开展的科研工作,更谈不上能够养成和拥有科研素养。而且,进入新的学校,视野更加开阔,选择更加多元,不选择科研之路,换一条人生道路可能也会畅通,这是当时的不成熟的想法。

最后,个人性格适合辅导员工作。通过对自我的探索,根据自我性格的了解,发现自己偏向于外向型。开展科研工作更加适合性格内敛尤其是思考型的人群。辅导员工作直接与学生交往,接触的人多,接触的具体事务比较多,对自己来说,一个是同枯燥的公式打交道,一个是同青春的人群打交道,两者相比,似乎自己更喜欢、更适合后者。而且,根据人职匹配的理论,高校辅导员似乎比较适合自己。

二、辅导员之职的恐慌

其实,担任辅导员之前,自己对辅导员的工作并不了解。入职之前,阅读了关于学生工作的书籍,向辅导员老师以及学姐学长请教了经验,但是仅仅停留在理论的层面,在操作层面上,是一名小白。

经过了岗前培训,学习了《高等教育学》《高等教育心理学》《高等学校教师职业道德修养》以及《高等教育法规概论》,顺利拿到教师资格证,真正上岗了,突然发现自己对辅导员工作有点恐慌。

首先,自己缺乏主要学生干部经历。读书期间,虽然参加了丰富的第二课堂活动,担任过学生干部,获得了不少荣誉,但是,没有担任过主要学生干部,比如班长、团支书,拥有在班级进行当众讲话的机会,负责整个班级的事务和管理。主要学生干部在其他场合进行当众讲话时,比之一般学生会从容很多。而且,主要学生干部的工作内容与辅导员工作内容有很多相似和相通的地方。作为辅导员的第一课,就是当众演讲。辅导员报到后,除了跟单位的领导和老师见面,就是在班干部例会上跟学生骨干见面了。印象非常深刻,当领导告知自己要跟学生骨干们见面时,自己非常紧张。那时候,网络还不像现在这么发达,智能手机还没有出现,资料查询主要是依靠书籍。在召开学生骨干例会前没多久,领导告知自己要跟学生骨干见面。见面时的讲话内容成为自己特别苦恼的问题,网络上能够参考的资料有限,手头上没有合适的书籍,寻找同事请教时间又有点紧张,面对满满一教室的青年学生干部,要说点什么呢?当时自己太紧张了,以至于在见面的教室外徘徊又徘徊——默默打腹稿。

其次,专业跨度太大。入职辅导员后,我被分配到了音乐学院。后来,我经常自嘲:我是一个复杂型人才,我是音乐学院里物理学得最好的,是物理同仁里最了解音乐专业学生的,这是后话。当时的自己,真的很懵。对于艺术类大学生,我确实不是很了解。跟艺术专业相关的活动,我更是门外汉。印象非常深刻的是,刚参加工作时,有一次带100余人参加彩排,到达演播大厅时自己到处寻找导演落实座位,参演的学生们都已经轻车熟路在观众席坐好了。这件事情发生后,"隔行如隔山"的感受在我的心头盘旋好久。还有教育理念不太符合音乐专业的学生,自己长期在比较严谨和规范的物理领域里浸染,来到一个相对更推崇个性和自由的学院,那是相当的不适应。那时,面对困境,自己常常会有拔剑四顾心茫然的感觉。

再次,工作的实际内容跟自己的期望差别很大。入职后,担任了十几个班级的辅导员,因为没有经验,在班会上没有跟学生强调请假时间,学生会在所有的时间阶段打电话请假,晚上十点接到学生要请假外出的电话是常事,每天处理数十名学生的请假,自己心烦意乱。刚入职,因为没有工作经验,领导安排了学院学风建设、宿舍教育管理和心理健康教育。每天深入宿舍检查卫生,对自己来说是一件非常痛苦的事情。卫生保持整洁,是一种个人习惯,也是一种自律能力。学生人数多,检查卫生时总是会碰到懒散、自律差的学生,每天要针对宿舍卫生同学生进行谈话、教育。因为心情不好,所以态度不好,因为不会变通,所以处理问题非常生硬,跟学生的关系莫名紧张。

三、辅导员之责的适应

我应该是一个会坚持努力向前奔跑的人。虽然辅导员工作跟自己的想象大相径庭,但是,面对困难,我不想做一个逃兵。我要竭尽全力去改善、去适应。

(1)坚持学习。我是一个比较善于学习的人。刚刚担任辅导员,不知道怎样可以做得更好,我就向周围的领导和同事请教。领导和同事在召集开会安排部署工作的时候,虽然没有自己的任务,但是在获得同意后,我会进行旁听。旁听时,一方面我会记在心里,另一方面我会认真记笔记。通过旁听我逐渐学会在安排相关工作时应该强调哪些重点、如何安排部署、解决问题思路等等。针对辅导员的日常工作,学校也组织和开展各种培训。刚刚入职的我,非常喜欢参加这些培训,我报名参加了科研素养、职业生涯规划、就业创业指导、心理健康教育等相关的培训,参加了相应的考试,努力掌握辅导员的必备技能。此外,工作中注重多观察和多思考,都帮助自己尽快适应辅导员生活。

(2)坚持实践。俗语说,上山方知山高低,下水方知水深浅。辅导员是实践性较强的职业,想适应辅导员工作,想干好辅导员工作,必须具备较强的管理能力、领导能力、组织能力、沟通能力等,这些能力不可能依靠观察和培训才能掌握,必须进行实践和历练。辅导员工作的辛苦,也在于需要完成繁杂、琐碎、量大的具体事务。知道自己是职场小白,面对挑战,自己不想退缩。在辅导员的岗位上,通过个人的努力和争取,先后承担了基层党建工作、共青团工作、科技创新工作、就业创业工作、学生资助工作、心理健康教育工作、宿舍管理工作等辅导员涉及方方面面的教育管理工作,力争通过具体的实践和历练,锻炼自己的本领。

（3）总结反思。辅导员工作虽然更多的是处理和完成具体事务,但是,学校对辅导员也有科学研究的要求,主要体现在工作考核中包含科研的内容,另外,辅导员可以根据自己的科研成果评定职称。作为一名在科研上有特殊情结的人,辅导员开展科研正符合自己的需求。况且,虽有理论和实践加持,可以让工作变得更加熟练和有序,但是这是远远不够的。通过开展科学研究,及时对工作进行思考和总结,才能真正获得提高。我阅读了大量的相关书籍和文献,利用繁忙的工作之余开展调查和研究。认真去学习相关的原理,努力去总结工作中的经验,力争实现用理论指导实践,成为辅导员工作的专家。根据自己分管的工作,围绕大学生思想政治教育、教育与管理等方面,我撰写了十余篇研究论文。

四、辅导员之光的寻找

担任辅导员十余年,虽然在很多方面有了历练,对一些问题有了比较清晰的认知和理解,但是总觉得缺少点什么。辅导员的主责主业是思想政治教育,而自己理论修养尚浅,于是,我毅然申请到北京师范大学访学。

在北师的日子是忙碌而快乐的。因为知道自己在外求学的日子只有一年的时间,所以非常非常珍惜,不愿意浪费一分一秒。听课、读书、撰写论文,宿舍和教室两点一线。北师的课堂是非常精彩的,让自己叹为观止、大开眼界。给博士们开设的"思想政治教育专题",邀请的都是北京高校思想政治教育的名家,理论素养深、思想水平高,博导们学识渊博,见多识广,讲起课来谈笑风生,妙语连珠。有的博导幽默风趣,冷不丁的笑话让听课者时时笑倒。有时候去旁听其他学院的课程,大多数老师们都是博闻强识,讲课时典故、理论信手拈来,问题切入一针见血,三言两语就能解答思想困惑,与这些智慧的老师交流和探讨简直是如沐春风。

北师的讲座非常丰富,而且,距离北大、清华很近,周末或者空闲的时候,会跟一起访学的同学相约去听讲座。自己选择的讲座包罗万象,比如去听了当时就职北京师范大学哲学院的江怡教授的何为哲学和哲学何为，体会到了物理上著名的薛定谔理论——似乎听懂了，又似乎也没听懂……著名的于丹老师也在北师，就职于艺术与传媒学院。朋友听说她要做讲座，邀请我一起去听。人很多，我们坐在了中后排，于老师举止谈吐优雅，声音悦耳动听，服饰大方得体，标志性的短发切合了于老师的知性美，她讲课时谈起《老子》，旁征博引，娓娓道来，于老师的讲座让自己印象非常深刻。访学时听的那些讲座，在学术上似乎没有任何帮助，但是，确实开阔了眼界，拓展了思路，涵养了心态。

访学一年结束，回来继续担任辅导员。

刚回来的时候，说心里话，有一点点落差。原因在于：理论和实践之间存在错位——自己努力学习和掌握的，现实似乎用不上。繁杂又具体的事务磨去了自己的些许学究气，人生，还是需要脚踏实地地开拓。自己很快进行了心态调整，进入了角色。访学带给自己的改变，是在工作中逐渐体现出来的。重新回到辅导员岗位上的自己，不再容易患得患失，不再无谓愤世嫉俗，不再惧怕困难和挑战，尝试去做很多原来不敢尝试的事情。比如，担纲主持、主动承担重任、对领导的安排竭尽全力去完成。访学让自己理解了世界之大，看清自己所长，也认识自己所短。当自己以更加平和却更加积极的心态去做事情的时候，一切似乎都有了转机。

五、辅导员之问的答案

辅导员的工作是辛苦的，辅导员的道路是艰难的，有个同事开玩笑地说：你们辅导员各个都修炼得像个铁人。为什么要担任辅导员，初遇时自己可能并不真正了解，经过自己的切身体会，以及与同事们的交流和探讨，现在心中的答案逐渐明朗。

辅导员之职提供了综合的知识。担任辅导员，虽然不像专业教师，知识掌握得更深入、更专一，但是辅导员学习和掌握的知识更加实用和全面。要开展大学生思想政治教育，辅导员需要学习和掌握政治理论知识；要进行班级、学生组织等管理工作,辅导员需要学习和掌握管理学知识;要开展大学生心理健康教育,提升大学生心理素质,辅导员需要学习和掌握心理学知识;要开展大学生安全教育,处理紧急事务,辅导员需要学习和掌握生活常识。担任辅导员,不知不觉中就积累了大量实用的知识,在个人成长、家庭教育、人际沟通等方面都有着很大的帮助。

辅导员之职拓展了丰富的阅历。首先,辅导员要同不同的人群打交道。一是要同大量的学生进行交往和沟通,对学生的人生道路和选择给予指导,而学生的人生境遇会给辅导员提供大量鲜活的案例和启迪。二是要同各部门的行政人员打交道,在完成相关任务和安排的同时学会做人和做事的道理。三是要同家长打交道,构建家校育人合力要求辅导员要同家长进行积极沟通,了解学生的家庭氛围、成长经历。读万卷书,行万里路,阅不同人生,让辅导员变得成熟起来。

其次,辅导员要处理不同的具体事务。一是需要根据要求组织各种学生活动。如组织迎接新生活动、运动会、大型会议等,这些要求辅导员去统筹思考、精心设计、全面协调、灵活调整,经验丰富了,辅导员也就充分锻炼了组织管理能力。二是需要宣传和动员、教育和管理学生,需要一定的演讲能力和理论水平,经过长时间的磨炼,辅导员一般都拥有躺下能想、坐下能写、开口能讲、站起能干的突出能力。

辅导员之职支持了自我的实现。著名的心理学家马斯洛将人的需求分为五个层次,从低到高分别为生理需求、安全需求、社交需求、尊重需求和自我实现的需求。其中,最高层次的需求是自我实现的需求。运动员把自己的体能练到极致,让自己成为世界第一或许只是单纯为了超越自己,这是运动员的自我实现;企业家真心认为自己所经营的事业能为这社会带来价值,而为此更好地工作,这是企业家的自我实现。辅导员在学生的尊重中,在事情的圆满处理中,在知识的积累中,在不断的磨炼中,不断提升个人能力和综合素质,在大学生思想政治教育领域充分发挥自己的各种才能和潜能,从而获得自我实现的满足感。

　　人生就是一个不断苏醒的过程,探寻着,经历着,成长着。心中有爱,眼中有光,口中行善,何惧人生荒凉。愿辅导员老师们都能活成一束光,照亮自己,温暖学生,将生活打磨成自己喜欢的样子。

新生军训教育

军训,是每名大学生都要参加的活动,也是我国法律赋予大学生的光荣使命。作为辅导员,积极配合训练教官指导新生军训是工作内容之一。我多次协助完成新生的军训任务,曾带领连队获最佳训练连队等,多次被评为优秀指导教师荣誉称号。这里结合自己的经验,谈谈军训的那些事。

一、辅导员应该充分理解军训的地位

《中华人民共和国国防法》第七章第四十五条规定:"学校的国防教育是全民国防教育的基础。各级各类学校应当设置适当的国防教育课程,或者在有关课程中增加国防教育的内容。普通高等学校和高中阶段学校应当按照规定组织学生军事训练。"《中华人民共和国国防教育法》第二章第十三条规定:"学校的国防教育是全民国防教育的基础,是实施素质教育的重要内容。"辅导员应该充分注意军训的强制性,教育和引导学生将参加军训作为自己应尽的义务和社会责任。

二、辅导员应该充分掌握军训的目的

《关于在普通高等学校和高级中学开展学生军事训练工作的意见》指导:"学生军训工作的目的是:通过组织学生军训,提高学生的思想政治觉悟,激发爱国热情,增强国防观念和国家安全意识;进行爱国主义、集体主义和革命英雄主义教育,增强学生的组织纪律观念,培养艰苦奋斗的作风,提高学生的综合素质;使学生掌握基本军事知识和技能,为中国人民解放军储备后备兵员和预备役军官、为国家培养社会主义事业的建设者和接班人打好基础。"通过军训,可以使大学生了解什么是军人的品德,什么是钢铁般的意志,什么是团结的力量;可以锻炼大学生的意志、培养集体观念、提高交际能力;可以发扬爱国主义和民族精神,激发民族自信心和民族自豪感。

三、辅导员应该充分认识军训的意义

1. 学生军训是落实全民国防教育的战略性举措

国防教育是以全民为对象的综合教育,不落实到"全民",国防教育就达不到为"强民兴国"奠基的目的。学生军训能使国防教育实现"从青少年抓起",使国防教育真正走向"全民"。

2. 学生军训是国家储备军事后备力量的一个有效途径

当今世界,和平与发展已成为时代主题,但是高技术局部战争从未停止过。如何使青年学生获得足够的军事知识和技能以提升民族综合素质来应对可能发生的战争,是世界各国都很关注的重大课题。例如,在美国,有 650 所中学和 350 所大学开设后备军官团,中学的后备军官训练团对中学生进行一般军训,为以后大学阶段的军训打基础;大学的后备军官训练团对大学生进行军训,参训学生成绩优良者,可领取奖学金,毕业后一般授予后备役少尉军衔。俄罗斯对普通中学学生军训的训练成绩记入中学毕业证书,成绩不合格者不颁发中学毕业证。印度通过国民学兵团对全国地方大、中学生进行军事训练,通过训练使他们掌握一定的军事知识和技能。

3. 学生军训是开展素质教育的客观要求

对学生进行军训,满足了新形势下加强学生素质教育的客观要求。学生军训能拓宽大学生的知识面,改善知识结构,提高综合素质,培养团结互助的集体主义观念。学生通过体验这种有规律的生活、紧张的训练、严格的纪律约束,增强组织纪律性,形成受益终生的良好生活习惯与工作作风。

大量实践经验表明:严格集中的军训生活,能显著激发大学生的自我生存能力、自我发展能力、环境适应能力、抗挫折能力和吃苦耐劳精神。学生军训有利于大学生的健康成长,帮助他们担当中华民族伟大复兴的重任。

4. 学生军训是培养和磨炼意志品质的重要举措

军训具有艰苦性的特点,训练的内容、生活等都是非常艰苦的,在军训的过程中,通过让学生付出艰辛的体力劳动,克服重重困难,帮助学生树立克服困难的强大意志和决心,培养学生吃苦耐劳、无惧困难、勇于挑战的精神;军训具有复杂性的特点,对动作完成的规范性有着较高的标准和要求,军训时训练内容的难度逐渐增加,帮助学生锻炼心理承受能力;军训具有强制性的特点,主要表现是训练、生活、作息等有着严格的纪律要求,必须无条件遵守和执行,通过军训帮助学生树立纪律观念,克服自己的惰性和懒散的作风;军训具有竞争性的特点,军训期间对多项训练内容进行考核,在军训期间通过会操、比赛等检查训练效果,始终具有竞争的氛围,这就督促学生形成勇敢、果断、刚毅等意志品质。

四、辅导员应该充分了解军训的内容

军训时,学校一般会邀请驻当地的中国人民解放军部队组建军训团,根据教育部、中国人民解放军原总参谋部和原总政治部新修订的《高等学校学生军事训练教学大纲》的要求,并结合学校的实际进行训练,以室外训练为主。

大学生军训,主要包括以下内容:

1. 日常养成

通过军训,首先就要严格按照军队的条令条例抓好日常养成。通常辅导员要利用晚上、训练间歇等,带领和组织学生学习军训的制度条例、法律法规、学校校规等。通过简明条文规定帮助大学生树立纪律意识,明确违纪行为,养成良好生活习惯。日常养成还包括督促学生在军训期间按照条令条例的要求积极落实基本生活制度。如内务整理、考勤点名等。

2. 队列练习

队列动作,是对单个军人和部队所规定的队列训练、队列生活和日常生活的制式动作。队列动作训练,是加强组织纪律性、巩固和提高战斗力的必要内容。队列练习是军训的主要内容,包括:立正、稍息、停止间转法、行进、齐步走、正步、跑步、踏步、立定、蹲下、起立、整理着装、整齐报数、敬礼、礼毕、跨立等。在军训过程中,类似站军姿、走正步这样的简单动作会机械地重复上百次。

3. 文娱活动

军训期间,为了丰富校园生活,调节军训期间的紧张训练节奏,同时也为了培养集体意识和团队精神,辅导员要组织丰富多彩的文娱活动。军训期间开展的文娱活动主要有拉歌赛、合唱比赛、新生才艺展示等。刚刚入校的新生通过这些比赛可以充分展示和发挥自己的特长和优势,辅导员老师也可以根据比赛中新生的表现去发现和培养人才。

4. 理论学习

军事理论学习内容包括:我国国防、军事思想、人民军队优良传统、军兵种知识、军事技术、周边安全、军事地形学等方面的内容。军事理论教育有着重要意义,一方面,它能够丰富国防知识、增强国防意识、完善学生知识结构;另一方面,将军事理论课学习与专业学习及创新能力锻炼相结合,有助于提高学生的综合素质。

五、辅导员应该妥善开展军训的指导

辅导员在军训中作为指导员身份,配合军训教官完成军训任务,在军训中发挥重要作用,是保障学生安全军训以及通过军训实现成长的关键人物。辅导员应该妥善开展军训指导工作。

1. 做好教育管理

在军训开始之前,辅导员要召开连队全体学生会议,阐明军训的目的、意义和内容,明确相关纪律要求。辅导员要充分调动学生参加军训的热情和信心,帮助其通过军训实现意志和素质的磨炼提升。要提前告知学生军训期间的安全注意事项,如提醒身患重大疾病等不适合参加军训的学生进行见习,帮助其办理相关请假手续。在军训开始之前,辅导员可以安排自我介绍主题班会,可以布置任务让学生完成,通过前期观察和调研,通过任务委派确定军训期间的临时负责人、联络员等,辅助教官和辅导员开展连队管理。

在军训开始之后,辅导员要观察学生的思想动态和行为表现。对违纪的学生及时发现并进行教育;对表现突出的学生进行进一步的观察,提供锻炼的机会;在训练过程中,部分学生不适应较强的体能训练,出现抵触情绪,辅导员要及时针对学生个人或者连队团体开展教育和引导,实现军训的育人目的。尤其是军训后期,部分教官和学生都产生了懈怠的心理,出现散漫、拖沓的现象,辅导员要及时识别并做好提醒和督促。此外,辅导员要引导学生尊重教官、听从指挥、积极配合,教育学生同教官之间保持正常和良好的关系。

在军训即将结束时,辅导员要做好总结和表彰。辅导员要公正公平地进行评奖评优,对军训期间表现突出的学生个人和群体进行公开表彰和通报表扬,对涌现出的先进个人和事迹进行宣传和推广,树立典型,引导学生树立竞争意识和荣誉意识,在大学期间创先争优。

2.制定规章制度

军训期间,仅仅依靠辅导员的思想政治教育,效果是非常有限的。军训期间,训练强度较大,内容重复度高,时间久了,学生很容易产生懈怠的心理和抵触的情绪,仅仅依靠学生的自觉和天性,肯定是不行的。最有效的办法是,辅导员在充分调研和意见征集的基础上,制定连队的规章制度,充分发挥制度的管理功能。有的连队,纪律散漫,表现在集合的时间长,总是有个别不自觉的学生迟到。有的连队,学生的积极性不高,训练期间请假要求见习的学生多,军训期间组织的校园文化活动不愿意参加,这和连队的规章制度尚未建立或者执行力不强有很大关系。辅导员可以采用军训积分制,将考勤情况、训练情况、参与活动情况通过积分体现出来,让学生明确哪些是鼓励和倡导的,哪些是错误和禁止的。军训积分制可以和军训评奖评优结合起来,给予积分较高的学生表彰或者奖励,从而充分调动学生参加军训的积极性。

3. 保障后勤服务

军训期间,辅导员要在关心关爱学生的前提下,对学生进行严格的教育和管理。辅导员一方面要做好思想保障,另一方面要做好强有力的后勤保障。首先,军训期间,学生活动量大,出汗较多,辅导员应该积极协调,在训练场上准备充足的饮用水;其次,如果军训安排在晚春或者初秋时节,天气较为炎热,辅导员要准备好1~2顶帐篷,为中暑的学生提供短暂休息的场地;再次,由于军训时学生不能随身携带手机,辅导员要准备好工具箱等储物器具,同时安排合适的值班和看守人员,妥善保管和看护学生的手机等贵重物品;最后,辅导员可以提前准备消毒湿巾、创可贴、西瓜霜含片、藿香正气水等常见疾病的治疗药物,为受轻微伤、轻度中暑等学生提供就医前的辅助治疗,还应该准备少量糖果,及时缓解出现低血糖学生的症状。此外,辅导员要为教官准备好喊话器、护嗓药品等,方便教官开展训练。

4. 精心设计活动

辅导员作为军训期间连队的指导员,要组织开展文娱活动,调节紧张节奏,活跃连队气氛,增进成员友谊,增强团队凝聚力。在训练间歇休息时,指导员可以组织拉歌活动,也可以鼓励学生上前表演节目,展示才艺;军训期间,辅导员可以利用晚间安排合唱练习,通过歌唱纾解情绪和压力,同时,在拉歌和合唱比赛中,也可以取得好的成绩。除了这些文艺活动,辅导员可以组织演讲比赛等,通过演讲比赛,抒发学生的爱国爱军热情,锻炼自己的演讲口才和心理素质。辅导员还应该组织征文比赛,一方面让学生表达军训期间的感受,另一方面可以及时发现有一定写作能力、文笔较好的学生,做好班级、学生会等宣传干部的推荐。

5.处理突发事件

军训期间,由于部分学生的身体素质较差,会出现身体上的不适,如晕倒、惊厥等现象,严重的学生,可能存在生命危险,所以,在军训开始之前,辅导员一方面要强调军训的目的和意义,鼓励同学们积极参加军训,另一方面,一定要严肃地向学生讲清楚军训对身体素质的要求,对身体不适合参加军训的学生进行严格的摸排和禁止。辅导员要学会妥善处理军训场上的突发事件。轻度低血糖的学生,意识尚存,有一定的行动力,这时候辅导员要及时安排学生在阴凉处休息,补充能量和水分。如果学生在军训期间突发惊厥、重度低血糖等严重的问题,辅导员要第一时间拨打120,同时,联系训练场上的值班医生,在医生的指导下迅速行动。辅导员要安排与患病学生相熟的舍友、好友等2人以上和辅导员一起陪同就医,进行精心的照顾和护理。辅导员要第一时间联系家长,随时汇报学生的病情,根据学生的就医和治疗情况决定学生家长是否到校配合处理。

第三章

新生入学教育

新生走进大学,是其人生道路上的一个非常重要的转折点,面对新的环境、新的学习方式和生活方式,很多新生出现不适应的情况,个别新生甚至因为不适应大学生活而退学、休学等,令人遗憾。作为辅导员,要积极开展新生入学教育,缩短新生的不适应期,帮助新生顺利完成从中学到大学、从依赖到独立、从家庭生活到集体生活的转变,尽快适应新的生活和学习。辅导员应该从以下几方面入手,帮助新生尽快适应大学生活。

一、认识大学特点

大学是实施高等教育的学校,是建立在中等教育基础上的高等基础教育和各种专业教育的机构。大学的根本任务是培养高级专门人才,其教育对象为青年和成年人。大学更注重教学和科研,是产、学、研紧密结合的多功能教育实体。

大学是新生进入校园后遇到的第一个全新和多变的环境,认识大学特点,尤其是认识大学的学习特点和生活环境特点,对于新生来讲是非常重要的。

同高中相比,大学的学习目的、学习内容、学习方式等有许多不同的特点。在学习目标方面,高中的学习目标简单、明确,学习的是各门课程的基础知识。大学是通过学习专业知识和技能,成为掌握现代科学技术的高级专门人才。学习内容方面,高中设置的课程数量较少,数目不超过 20 门,内容也比较简单；大学设置的课程较多，一般都要超过30门，学习的内容多、范围广、要求高，学习内容不仅包括经典理论，还包括本专业的最新信息。学习方式方面，高中主要以课堂讲授和灌输为主，各科任课教师对学生的监督和检查更加严格，大学更加强调启发式教学，课堂讲授的内容多、速度快、跨度大，需要学生自学的内容更多，对学生的学习自觉性提出更高的要求。

同高中相比，大学的生活环境也发生了明显变化。进入大学，学生接触的对象更多，需要处理更加复杂多元的人际关系。大学的课余时间都是依靠学生个人进行管理和规划，除了学习，还要参加丰富多彩的第二课堂活动，要进行内容广泛的人际交往活动，大学生要实现依赖性生活到自律性生活的过渡和转变。

二、正确认识自我

进入青年期的大学生，其自我意识的发展处于一个崭新的阶段，大学新生，要面临在新的环境中如何正确认识自己、正确评价自己的新课题。

正确认识自己，包括对自己的身体素质、心理素质、能力水平等的认识，也包括正确看待别人的评价等，正确认识自我，是自尊和自信的基础。能够考入大学的学生，在高中阶段学习成绩和表现都是相对优秀的，具有较高的自尊，对自我也有较高的评价。进入大学后，高中是优秀的学生变得普通，在高手如云的大学处于一种"相对平庸"的状态和地位，比如，高中的学霸来到大学不再是学习尖兵，大学更看重综合素质的表现等。这对新生来讲需要一段时间的调整和适应。有些新生没有正确认识自己，因为自己表现不像原来一样突出，逐渐自我怀疑，丢掉了自信，变得自卑甚至是自暴自弃，是非常可惜的。

正确评价自我，要求辅导员引导学生在新的环境中准确定位，客观评价自我。要认识到在一个优秀的人群中，相对平庸的自己并不是不优秀，而是比较的对象发生了质的飞跃，既要看到自己跟别人的差距，努力去弥补,让自己变得更加优秀;又要对自己充满自信,坦然接受自己的缺点,充分发挥自己的优势,要相信自己一样可以创造价值,实现梦想。

三、确立新的目标

中学阶段,学生一直以考入大学作为自己的奋斗目标。进入大学后,辅导员应该教育和引导新生尽快树立奋斗目标,这样才会有学习和生活的动力,避免出现迷茫和懈怠的情况。帮助新生尽快确定新的奋斗目标,是辅导员开展新生入学教育的重要任务。

新生在确定人生奋斗目标时,要结合现实情况、社会需求、专业特点、自身优势等因素,合理设置。确定的人生奋斗目标,必须符合社会的客观实际,也要符合自身的现实条件。避免出现目标设置过低或者过高的情况。目标设置过低,往往反映出学生妄自菲薄,不够自信,缺乏远大的理想;目标设置过高,说明学生好高骛远,眼高手低,目标缺乏可行性和易操作性,长此以往学生容易产生强烈的挫败感。

新生在确定人生奋斗目标时,要充分发挥自身潜能,要具备艰苦奋斗的品质,制定的目标既要高于现实,又要通过努力能够实现和达到。实现任何目标,都要付出一定的艰辛和劳动,都离不开个人的主观努力。辅导员要培养新生的艰苦奋斗精神,培养新生勇于挑战,追求卓越的意志,去努力自我完善,自我成长。

新生在确定人生奋斗目标时,要做好科学规划。奋斗目标越是远大,日后取得的成就也就越大。但是远大的目标并不是一蹴而就的,辅导员要引导和教育新生做好科学规划。将目标分成长期发展目标、中期发展目标和短期发展目标。长期发展目标是个人成长成才的总体和最终目标,中期发展目标和短期发展目标都是围绕长期发展目标服务的。中期发展目标就要具体到哪一学年或者哪一学期实现的目标,完成的任务。短期发展目标,可以具体到哪一个月、哪一周完成的任务、实现的目标。每日、每周、每月的进步,日积月累,就能实现自己的最终奋斗目标。

四、掌握学习方法

学习是大学生的中心任务,大学新生对大学生活的不适应主要集中体现在对大学学习生活和学习方式的不适应。进入大学之前,经过十几年的学习,大部分新生都总结和提炼了适合中学学习和个人特点的学习方法。这套学习方法经过高考检验,被证明是成功的,所以,一些大学新生来到大学后依然习惯继续使用之前的学习方法。但是,由于大学的教学方式和学习内容与中学相比有了很大不同,中学时有效的学习方法并不适用于大学,这就要求辅导员要尽快帮助大学新生掌握和改进学习方法,尽快掌握大学学习规律,形成适合大学的学习方法。辅导员老师可以组织新老生经验交流会、学习经验交流座谈会、主题班会等等,帮助大学新生正确认识大学学习的特点,了解本专业课程学习的方法,提前了解专业课程设置和教学特点,掌握基本的学习技巧和方法。辅导员老师也可以鼓励新生自己向有经验的高年级同学请教、同任课教师多沟通、多交流。辅导员老师要督促新生掌握好预习、听课、复习这三个环节,既要养成课前预习、课后复习的习惯,又要学会听课。要鼓励学生学会自学,培养良好的自学习惯和自学能力,这既是学习大学课程的需要,也是学生成长和学校人才培养的需要。

五、适应集体生活

中学生的生活相对单纯、简单,主要内容是学习。中学生的活动范围和接触的人群也非常有限,一般是从家庭到学校,活动范围小,接触人也少。进入大学之后,新生需要入住宿舍,日常学习、吃和住都要在一起,同学之间交往比较频繁,特别是要和来自不同家庭背景、不同性格特点、不同生活习惯的同学共居一室,一起生活,需要一段时间的适应和磨合。学生的年龄不分上下,都是同龄人,许多事情不能像在家里一样,获得长辈的宽容。学生的性格和习惯也不尽相同,有的喜欢早起锻炼,有的喜欢秉烛夜话;有的喜欢交际,有的喜欢独处;有的不拘小节,有的行为拘谨;有的活泼开朗,有的寡言少语……面对来自全国甚至全世界各地,性格、习惯各异的同学,要想建立协调、友好的人际关系,首先,要学会关心他人。遇到事情时需要设身处地地为他人着想,当别人有困难时,要积极伸出援助之手。其次,要学会尊重他人。每个人习惯、脾气、爱好都各有不同,同学相处中,要以集体生活制度和公约为准则,互相尊重彼此的人格和习惯。再次,要热诚待人。热情、真诚的学生容易与他人建立真挚的友谊。最后,还要掌握基本的人际沟通技巧,采取积极、主动的态度与同学交往。

大学新生要改变以自己为中心的习惯,多去关怀别人、多去尊重别人,自己也会受到别人的尊重和关怀。用积极的心态和真挚的情感去相处,会拥有团结友爱的氛围,会感到十分愉快,相反,如果每天生活在一起的室友形同路人,情感冷漠、互不理睬,就会感到孤独和寂寞,适应大学生活会变得更加困难。

附

"三心二意"惜流年　滴水穿石塑芳华

亲爱的新同学：

当你看到这篇文章，我可以负责任地告诉你：史上最惬意、最悠长的假期已经余额不足，快开学啦！新生活马上就要迎接你了，帅气的学长和美丽的学姐将迎接你们进入学生会、社团，优雅和睿智的专业老师将迎接你进入知识的殿堂，当然，还有"你虽虐我千百遍，我却待你如初恋"的辅导员老师将迎接并且陪伴你度过"相爱相杀"的美好四年。作为一名老师和长者，在被要求给予你人生建议的时候总是诚惶诚恐，毕竟，每个人都是自己人生画卷的设计者和绘画者，昨天的万花筒不一定能够摇曳出明天的五彩斑斓。但是，事物具有的共性和普遍性，成为给予经验和建议的前提和基础。当新生活和新挑战扑面而来，除了猝不及防或者兴高采烈地迎接，我们还能做的，可能就是"三心和二意"。

静心是求学问道的奠基石。古今中外，名人名家都是对"静"字推崇备至的。清代的唐鉴，是曾国藩的老师，对曾的学业和事业影响都非常深远。唐鉴曾经对曾国藩说，求学过程中，"静"字功夫最是要紧，若不静，则省身也不密，见理也不明，都是浮的。在1902年，27岁的诗人里尔克应聘去给62岁的画家、雕塑大师罗丹当助理。在初出茅庐的诗人的猜想中，名满天下的罗丹生活一定充满浪漫、疯狂、与众不同。然而，他看到的真实景象与想象中的大相径庭：罗丹整天埋头画室，孤独又寂寞。面对里尔克的不解，罗丹说，只有工作和耐心才能将你的作品完美表达出来。我国明清时期有一种带犀皮斑纹的瓷器，非常珍贵，一器难求。在很长一段时间里，人们不知道这种瓷器是如何制作出来的。后来，有人透露了秘密，原来，这种瓷器的制作工艺烦琐又复杂。不厌其烦成就了它的珍贵和高价。所以，吴晓波意味深长地评论：每一件与众不同的绝世好物，其实都是以无比寂

21

寞的勤奋为前提的,要么是血,要么是汗,要么是大把大把的曼妙青春好时光。

诚心是人际关系的敲门砖。很多人认为,曾国藩是一个笨拙的人。据说,曾国藩小的时候在夜间背诵四书五经,梁上君子都背下来了,但他却始终没有完成任务。笨拙如曾国藩,朋友圈却是能人辈出,这些朋友从各个角度帮助曾国藩,为他的事业推波助澜。或许,从曾国藩的待友态度就可以窥见他朋友众多的原因,他告诫弟弟:(与人周旋)万不可走入机巧一路,日趋日下也。纵人以巧诈来,我仍以浑含应之,以诚愚应之;久之,则人之意也消。若钩心斗角,相应相距,则报复无已时耳。传说中的尔虞我诈,适合于商场和战场,不适用于亲情场和友情场。成为一个大气、成熟的人,勇敢付出真心和热情,一定能收到热烈的回应和真挚的友情。

慧心是成就事业的推进器。很久以前,宋小宝操着一口浓浓大碴子味的东北话,语重心长地说:海～燕呐,你可长点心吧! 这句话迅速火遍全国,成为教子育儿甚至恋人间的经典用语。虽是玩笑,在学习和生活中,我们确实需要"长点心",努力去修炼一颗慧心。慧心,其实就是智慧,智慧不等同于聪明。这个世界,聪明的人多,智慧的人少。聪明可以与生俱来,但是智慧必须通过后天的习得。在生活中多观察,利用课余时间多阅读,遇到问题多思考,虚心向不同的人多学习,不怕困难勇于尝试,力排众议敢于创新,只要自己做一个有心的人,同样可以让自己修炼得更加通透和聪慧,不是成为一个有小聪明的人,而是成为一个拥有大智慧的人。

意志坚定是实现自我的三叉戟。进入大学,你会发现,父母的唠叨被距离屏蔽了,老师的监督也不是全方位无死角了,你将面临更多的挑战和诱惑。图书馆还是游戏厅,教室上课还是宿舍做梦,考研还是就业,创业还是失业,都将是自己的选择题了。面对懈怠和轻松的诱惑,你需要提醒自己保持定力,根据自己的人生定位和目标,意志坚定地去追求自己的梦想。而面对大学中不以学习成绩论英雄的评价机制,面对高手如云的同学和身怀绝技的竞争对手,面对生活中随处可见的挫折和磨难,你需要提醒自己要保持清醒,既不妄自菲薄,亦不妄自尊大,意志坚定地去学习和实践,心无旁骛地去提升自身的实力,一定能够成就优秀的自我。

意趣盎然是多彩生活的灵芝草。生活是不容易的,时有悲欢离合,时有阴晴圆缺。来到大学,希望你依然拥有发现美的眼睛,能够在生活的层峦叠嶂里,去发现精彩的细节和消息。当周围在感叹"自古逢秋悲寂寥"时,如果你能发出"我言秋日胜春朝"的不同声音,还能拥有"晴空一鹤排云上,便引诗情到碧霄"的豪情,让平淡生活平添一抹意味和彩色,你就拥有了多彩生活的灵芝草了。

总之,"三心二意"惜流年,滴水穿石塑芳华,大学的精彩,等你来!

附

给新生的一封公开信

亲爱的新生同学们:

你们好,九月金秋结硕果,十年寒窗显风华,祝贺你们经历了风霜雨雪和砥砺求索,终于走进向往已久的大学校园。经过高考,你们给自己交上了一份满意的答卷。现在的你们已经走出了紧张繁忙的六月,即将开启人生新的篇章,聊城大学生命科学学院热情欢迎你们的到来。

聊城大学是一个有温度、有厚度、有情怀、有历史的大学,是一个秉承"敬业 博学 求实 创新"校训,砥砺前行,不断超越的大学。学校拥有硕士、学士学位授予权,具有硕士研究生推免资格,与海内外诸多高校合作培养博士学位研究生。生命科学学院是聊城大学最早成立的系所之一,历经三十多年的建设与发展,具备一支有着较高学术水平的教学、科研队伍,现有全日制在校本科生和研究生合计 1300 余名。学院现拥有生物科学、生物工程两个一级学科硕士点,生物科学和生物工程两个本科专业。生物科学专业是山东省高水平应用型立项建设专业群的核心专业、山东省特色专业。学院招收公费师范生,培养优秀的高中师资。学院具有推荐免试研究生资格,并与爱尔兰都柏林理工大学开展国际合作培养博士学位研究生,与美国、韩国、意大利等国高校均有留学、交换生项目合作。

新的平台,新的希望,你们站在一个新的起跑线,面对未知,你是否也有些忐忑,有着期待:大学里,我该做些什么?

首先,要学会独立。大学里,你将需要学会的第一课就是:独立思考、判断、决策和行动。独立是不容易的,无论是经济独立,还是思想独立。但是,大学的基本目标之一就是成人,成人意味着成熟、责任、奉献和担当。你只有走出父母建立的无微不至的舒服圈,真正独自面对生活中那些看起来微不足道却又无处不在的挫折和阵痛,才能真正成熟和强大起来,才能成长为自己、家庭、社会和国家的脊梁。

其次，要学会如何学习。步入大学，你要适应与以往完全不同的学习方式。在大学，再也没有高中时的辅导员，时时刻刻都在督促你学习。每一堂课近百页的 PPT 匆忙得让你眼花缭乱。但是，不要慌张，学习是日积月累而来的，一点一点去适应，尝试改变自己的学习方法，向学长学姐请教各门课的学习秘诀，冲进图书馆去深挖一个个知识点，都将会是你在大学学习的好方法。进入大学校园，你最主要的身份还是一名学生，学习是你的首要任务。高中的时候你可能会听到来自不同的人对你说："到了大学就解放了"，其实你懂得，这不过是个善意的谎言，终身学习是每一个现代人都需要坚持去做的事情。进入大学后，很多同学都在准备考研，生命科学学院也是聊城大学考研率最高的学院之一。考研深造，为未来人生奠定了更高的平台，是广大生科学子最渴望的追求。

再次，要学会勤于实践。在这里，学习之余你可以去尝试很多有趣的事情——加入一个社团寻找志同道合的朋友，加入学生会锻炼自己的为人处事能力，做一份兼职磨炼自己顺便减轻家长负担，诸如此类，大学生活的多姿多彩才真正向你展开。有些同学在进入大学后会进入相当长一段时间的迷茫期，在人生的转折点，迷茫是无法避免的，但是越长的迷茫期对你的危害也越大，多去尝试不同的事情，尽快明确自己的目标并为之而努力奋斗。

最后，要学会自我保护。我们不能以最大的恶意去揣测别人的内心，但是，我们要清醒地看到，这个世界既有天使的温暖，亦有黑洞的冰冷。你们一定要告诫自己和家人提高安全防范意识，掌握基本常识，学会保护自身和家庭财产安全，保护个人的人身安全……让自己免于不必要的打扰，顺利完成学业，实现人生理想。

大学有诸多神秘的面纱等待着你们去揭开，高颜值的学校南门、知识与科技碰撞的综合实验楼、静谧的羡林湖、最美的逸夫图书馆，诸多美景都在等待着你去探索，生命科学那些神秘又神奇的未知世界也将等待着你们去发现、去开拓。大学的美好生活即将展开，带着你们的梦想，背起行囊，来这里，向未来！

第四章

班集体的构建与管理

　　担任辅导员,进行班级管理是辅导员工作的一部分。班级是学校进行教育教学及管理活动的基本单位。来自全国各地的学生组成班级,形成班群体,并不意味着成为班集体。苏联教育家马卡连柯认为:集体是活生生的社会有机体,它之所以是一个有机体,就因为那里有机构、有职能、有责任,有部分之间的相互关系和相互依赖,如果这样的因素一点也没有的话,也就没有集体了,所有的人只是随随便便的一群人罢了。班集体除了具有一般班级群体的特征外,还有自身的特征,包括有共同的奋斗目标和为达到共同目标而组织的共同活动,班集体的目标要高于一般班级群体的目标,在面对任务和困难时班集体的成员会采取更加统一的行动;班集体有团结、友爱、和谐的人际关系,班集体的凝聚力更强,班集体成员之间交往更加频繁、影响更加深远等;班集体有健全的组织机构和强有力的领导核心;班集体有严格的规章制度和组织纪律;班集体具有正确的舆论导向,班风更加优良。作为辅导员,有责任组织、教育、引导学生并且与学生一起管理好班级,促进班级全体成员获得全面发展。辅导员应该将班级打造成"班级共同体",即班集体。

一、班集体的形成

　　健全的班集体不是自发形成的,需要在辅导员的教育和引导下,凝聚班级任课教师和班级全体成员的力量,共同按照一定的教育目标和教育任

务,按照一定的工作计划和要求逐步建设形成。一般来讲,班集体的形成具有以下几个阶段:

1. 松散的群体阶段

班级刚刚建立,辅导员、班级全体成员之间基本处于零接触阶段,互不认识,这时候,班级还没有形成共同的价值目标和行为规范,也没有建立良好的自我管理机制。班级的事务基本全部依赖辅导员进行决策、指挥和部署。

2. 班集体初步形成阶段

经过一段时间,通过参加教学活动以及其他班级活动,辅导员、班级成员之间有了更多的接触,彼此有了一定的了解。在这个过程中,一些班级成员对集体工作表现得更加热情和负责,通过选举,被选拔为班干部,配合辅导员开展班级事务的管理和服务。在这个阶段,虽然已经建立了班级核心,但是班级的行为规范尚未成为学生的共同需要,班级也没有形成强有力的舆论导向和氛围,班级的奋斗目标刚刚确立,还没有内化为班级成员的共同追求和行动动力。

3. 班集体的确定阶段

这个阶段,班干部已经比较熟悉自己的工作职责和工作内容,掌握一定的工作方法和技巧,能够各司其职,独立并且有计划地开展工作,班级逐渐形成了比较稳定的领导核心;班级成员之间有了更加强烈的归属感,班集体有了共同的奋斗目标,逐渐被班级成员认可并内化为个人目标,班级成员也有较强的集体荣誉感,愿意为集体付出时间和精力,能够积极主动承担班集体安排和布置的任务;经过辅导员的教育和引导,班级形成了正确的价值观念,有着良好的舆论氛围;班级确定明确的规章制度,规章制定能够充分发挥育人功能,督促班级成员形成较强的纪律意识和观念;班级成员之间人际交往比较和谐。

4. 班集体的巩固和发展阶段

在这个阶段,辅导员应该在班级成员的支持下制定更高的目标,对班集体提出更高的要求,督促班集体开展一些有创意的、有特色的、形式多样的、丰富多彩的班级活动;班集体的核心和骨干力量不断扩大,出现更多关心集体、热爱集体的学生,形成人人关心集体,人人热爱集体的局面;在这个阶段,优良的班风能够形成并且进一步得到巩固和发展,班集体真正成为班级全体成员自我教育、自我管理和健康成长的场所和环境。

二、班集体的建立

班集体的发展和形成不是自发的,辅导员要进行教育、指导和管理,通过建设班集体,实现班级团队和班级成员个人发展相融合。

1.建立班集体的共同发展目标

马卡连柯认为,应该充分发挥集体目标的激励、凝聚和教育作用,把集体的价值渗透到个人的思想和行为中去。共同发展目标是班集体形成的基本条件和前提,也是班集体形成和发展的核心动力。建立班集体的共同发展目标具有非常重要的意义,一方面,班级共同发展目标满足了学生健康的心理需要;另一方面,班级共同发展目标能够激活学生的内驱力。此外,班集体目标能够增强集体的凝聚力。班集体的全体成员只有致力于共同目标的设立,致力于在集体中承担角色,才能使整个班级获得发展和成长。

班集体的目标按照性质可以分为集体目标和个体目标,集体目标体现了班集体的教育目标、教学目标和管理目标的内容和规范,个体目标体现了学生个体自身的需要和个性特征。建立班集体共同发展目标时,辅导员既要充分考虑国家教育方针和政策的要求和指导,又要充分考虑班级全体成员的发展需求,实现集体目标和个体目标的和谐统一。

在建立班集体的共同目标时,辅导员应该充分发挥学生的积极性和自主性,鼓励学生积极参与,充分采纳学生的意见和观点,增强学生的自主意识和集体意识。辅导员要结合班级和学生特点,设立班集体的长远目标、中期目标和短期目标。同时,建立的目标要明确,能让学生清楚了解需要达到的思想和行为标准;建立的目标应该尽量量化,可以很容易判断目标是否实现;建立的目标贴合班级和学生发展的实际,要容易让全体班级成员接受和认可,难度适中,师生有信心实现;建立的目标也应该设置时间限制,便于对目标进行考核和评价。

2.建立班集体的核心队伍

班干部是班集体的骨干和核心,是辅导员老师的左膀右臂,也是班级工作顺利开展的重要保障。建立优秀的班集体,辅导员要组建素质优良、能力突出、团结协作、独立自主、品德端正的学生干部队伍。班干部是班集体活动的带头人,是联系辅导员和班级学生的桥梁和纽带,同时,班干部也是班级各项工作的组织者、落实者和执行者。班干部的综合素质、能力水平和作用发挥,直接影响班集体的形成和发展。辅导员要精心选拔优秀的学生担任学生干部。

在建立班集体之初,辅导员要有意识选拔班级成员中优秀的学生担任主要学生干部。辅导员要从以下几个方面进行推荐和选拔。首先,选拔学生干部要充分考察学生的道德品质。要推荐和选拔那些道德品质较为高尚的学生担任学生干部。在工作中能够公正无私、以身作则,对待工作态度积极、热情,对待任务认真、负责,能够团结协作,在学生中具有一定的威信。其次,选拔学生干部要充分考虑学生的学习能力,既要考察学生的学习成绩,同时也要看到学生学习态度、学习习惯和学习方法是否得当。最后,推荐和选拔学生干部也要充分考察学生的组织能力和管理能力,选拔的学生干部要具备良好的人际关系,要善于处理同老师和学生的关系。辅导员只有将综合素质强、能力突出、热心班级事务的学生选拔担任班干部,才能充分发挥班干部的旗帜作用,才能实现建立优秀班集体的目标。

辅导员要引导班干部树立为学生和班级服务的思想,坚决避免学生干部产生特权思想,以权谋私,避免失掉学生的拥护和信任。辅导员要对选拔和推荐的班干部进行培养、教育和考核。一方面,辅导员要通过教育、谈话等方式对班干部进行思想政治、学习能力、工作方法等的指导和培养,另一方面,要通过考核、评价等增强班干部的责任心和积极性。在班干部的任用上,既要充分信任他们,适当放手和授权,发挥班干部的积极性,又要做好过程性监督和评价,对班干部及时关心和指导,培养班干部成为独当一面的领导者和管理者。

3. 建立班集体的正常秩序

班集体的正常秩序是学生学习和生活的基本条件,是辅导员老师开展教育教学工作的重要保障。班集体的正常秩序包括班集体的规章制度以及共同生活准则等。班级规章制度是班集体为了实现共同的奋斗目标而制定的规则、章程,是班级管理的依据和规范。班规制度包括成文的制度和不成文的制度两种。成文的制度主要包括在辅导员教育和指导下,班级成员共同制定的书面的、成文的班级组织制度。不成文的制度主要是指班级的传统、舆论、风气、习俗等,不一定形成书面的、成文的制度。如有些班级开展的每日值日班长汇报制度、课间十分钟新闻发布制度、每日英谚等,这些不成文的制度属于班级文化范畴。

制定班级的规章制度,要遵循严格化和具体化的原则。只有严格执行规章制度,才能对班级全体成员产生约束和效力,才能体现班集体的公正和公平。散漫、宽松的班级规章制度是无法形成约束、震慑和规范作用的,形同虚设。班集体的制度建设也应该具体化,从细节上细化规范和标准,不能太笼统,避免制度执行时缺乏量化的依据,无法衡量是否达到要求和标准,造成制度形同虚设。

4. 组织形式多样的教育活动

组织形式多样、丰富多彩的班级教育活动是辅导员的重要工作内容之一。通过组织班级教育活动,发动全体班级成员积极参与,才能逐渐形成和巩固班集体,同时,班集体的教育活动也为班级全体成员提供展示自身才能和为集体做贡献的机会和平台。

班集体的教育活动是建设良好班集体的重要内容和途径之一。班集体的共同发展目标依靠班级全体成员参加共同的班级活动实现。班集体的形成、发展和巩固,也需要班级全体成员共同参与一系列的活动加强集体的荣誉感、集体的纪律观念以及集体的凝聚力。

根据班级教育活动的时间分布,可以分为日常性教育活动和阶段性教育活动两类;根据班级教育活动的主题内容,可以分为主题教育活动、文艺活动、体育活动、社会实践等,辅导员要根据教育目的、学校要求等,从德、智、体、美、劳五个方面设计和开展班级教育活动,确保学生全面发展;从班级活动的全过程看,整体活动和个别活动是辩证统一的,针对每一次活动,辅导员都要精心规划,发动学生积极参与,确保活动的效果。同时,辅导员要注意,活动不是目的,教育才是目的,要从整体的角度围绕教育目的规划每一次班级活动。

5.培养正确的舆论导向

班级是一个小社会,班级成员在交往中会分享信息,交流思想、观念和意见,某些言论、观点和意见会得到班级大多数成员的认可,进而影响全班的思想和观念,从而形成班级舆论。

辅导员要引导班集体,形成正确的舆论和良好的班风。班级舆论对班级成员具有约束、感染、熏陶、激励的作用,在扶正压邪、奖善罚恶的过程中,班级舆论具有行政命令和规章制度所不可替代的作用。辅导员要充分发挥班级舆论的教育和引导功能,利用班级舆论去规范班级成员的行为。在班集体的舆论和班风建设方面,辅导员要注意以下三点:

一是辅导员要注意强化班集体中正确舆论和良好班风的制约作用。由于舆论代表班级大部分成员的意见,可以对班级成员个体产生一定的压力,有效阻止个别不自觉或者不自律的班级成员出现不道德或者不合规范的言论和行为,从而约束和规范全体班级成员的行为。辅导员要重视班级舆论的内容和导向,让正确的舆论战胜不健康的舆论,抑制出现在班级中的歪风邪气,确保班级有一个公平、公正、阳光、正义的班风。如果辅导员忽视班级舆论,会让不良的班级舆论对学生产生误导,也会引起班级成员对辅导员的反感,对班集体活动、荣誉和利益的冷漠。

二是辅导员要注意强化班集体中正确舆论和良好班风的指导作用。社会心理学的研究表明,"舆论指导者"的宣传和引导,相比其他人来说,影响和指导的作用更大。辅导员作为班级中最重要的舆论指导者,本身在教育教学经验、个人生活经验、学习经历经验等方面,都要强于学生,辅导员的观点、意见和建议对班级成员的影响更强烈。当学生在生活和学习中遇到各种各样的问题和分歧时,辅导员应该充分履行"舆论指导者"的职责,引导和教育学生形成正确的观念和思想。

三是辅导员要注意强化班集体中正确舆论和良好班风的鼓舞作用。有了思想,才能有行动,正确的舆论往往会成为班级成员积极行动的先导。辅导员只有建立和营造正确的班级舆论,才能引导学生做出积极、正确的行为。所以,辅导员要注意发挥班级正确舆论和良好班风的鼓舞作用,引导学生为个人发展目标和班集体的发展目标努力奋斗。

三、班集体的管理

辅导员是班集体的直接责任人,辅导员要做一个乐于管理、勤于管理、善于管理的人,在辅导员的指导和管理下,学生实现成长自觉、自律,最终使班集体实现自我管理。

1.辅导员要培养班级成员的团队精神

对于班集体来说,团队精神非常重要,具有团队精神的班集体,才能充分发挥其教育作用。团队精神,包括大局意识、协作意识和服务意识。培养团队精神,要以班级成员个体的兴趣和成就为基础,班级成员之间能够合作、协同,全体成员具有较强的向心力和凝聚力,从而保证班集体的高效运转。培养班级成员的团队精神,辅导员要从以下五个方面入手:

第一,要合理规划和制定班集体的奋斗目标。目标是班集体努力的方向和动力,是形成团队精神的首要条件,设立目标是班集体管理的关键。辅导员要在考虑班级实际、征求班级成员意见的基础上,结合国家政策法规、结合学校的教育目的和教育目标,引导班集体制定和规划合理的奋斗目标,使全体班级成员在目标的认同上凝聚在一起,形成坚强、团结的班集体。

第二,要培养班干部的影响力。班干部是班集体的核心,班干部的素质和水平直接影响班集体的成长和发展,辅导员要选拔品德端正、热心公益、能力突出、善于学习、善于沟通的学生担任主要学生干部。要引导班干部牢固树立服务意识,能够设身处地为班级和成员着想,赢得全体班级成员的拥护和认可。要培养班干部,帮助班干部逐渐学会工作方法、沟通方法和学习方法,成为一个能力和素质更加突出,更加优秀的人。

第三,要引导班级全体成员积极参与。在进行班级管理过程中,辅导员要鼓励和引导班级全体成员参与集体活动中。在制定班级规章制度时,要充分征求班级成员的意见;在开展班级决策时,要安排部署班级普通学生参加讨论会和座谈会;在组织班级文艺、体育、社会实践活动时,要鼓励和引导班级成员担任重要角色,履行职责。通过调动全班学生的积极性,督促班级全体成员为班集体的发展贡献力量、贡献智慧,才能激发班级学生的主人翁精神,形成强大的凝聚力和向心力。

第四,要着力发展班级学生个体的潜能。班级成员个体得到发展,班集体才能实现发展和成长。辅导员要尊重和关爱学生,充分掌握和研究班级每个成员的特长、爱好、能力、目标等,培养和提升学生的综合素质,协助学生做好学业规划和职业规划,帮助学生实现成长成才的目标。学生在集体中得到成长,才会产生归属感,愿意为团队服务和奉献。

第五,要在班级树立合作和服务意识。辅导员要强调合作和服务的意识,在班级中营造"人人为我,我为人人"的良好舆论氛围和班风,避免班级成员出现遇到问题"踢皮球",遇到困难做"看客""守门员"和"旁观者",教育和引导班级成员能够识大体、顾大局,主动为集体发展做贡献。

2.辅导员要加强班集体的制度管理

规章制度是学生在学习、工作、生活中必须遵守的行为准则,具有管理、控制和教育的作用,辅导员要充分发挥规章制度的约束作用,加强班集体的管理。

首先,辅导员要建立班级的规章制度。在班级管理中,除了国家法律法规、校纪校规,辅导员要结合班级的特点和学生的实际,制定内容适宜、行之有效的班级规章制度。制定班级规章制度,要考虑到科学性、可行性、明确性、严肃性。这样,开展班级管理才能实现有章可循,开展班级发展评价和学生评价时才能依靠统一的标准和规范。

其次,辅导员要引导全体成员参与制度的制定。班级规章制度的制定,需要全体成员参与,成为全体学生的行为规范和指南。一定要广泛征求全体学生的意见,一定要结合学生成长和发展实际。如果班级规章制度脱离实际,或者只是体现了辅导员和学生干部的意见,大部分班级成员不认同,就会缺乏约束力,形同虚设。

最后,辅导员要定期组织评优和检查,通过这种方式规范学生的行为。定期检查和评优,才能充分发挥规章制度的作用,帮助学生了解正确的标准和规范,及时纠正和改变学生的错误言行。实践证明,定期对学生提出科学合理的要求,加以正确的引导和训练,就能逐步将班集体的管理目标转化为集体的价值观、良好习惯和传统,从而形成优良的班风。

3. 辅导员要加强班集体的人本管理

辅导员要明确全体学生在班级管理中的主体作用,开展班级管理的过程中充分调动学生的参与意识和主动意识。

首先,辅导员应该营造充满人文关怀的班级氛围。环境对学生有影响作用,杜威说:"所谓人的成长,就是在与环境的相互作用的过程中更新了自己。"辅导员要从建设良好的班级环境入手,从教室的装饰和美化,从环境的清洁和整齐入手,充分发挥环境的育人作用,陶冶学生的情操,引导学生积极向上。

其次,辅导员应该建立富有人文情怀的班级制度。班集体应该制定适合本班特色和学生特点的班级制度,从而约束和规范班级全体成员的思想和行为。但是,辅导员要明确,班级规章制度不同于法律法规,班级规章制度的最终目的是教育和引导学生,对学生的不良行为进行约束和纠正,在实施的过程中,一方面要公正、公平,要严格执行,但是另一方面,要富有人情味,要尊重学生,允许学生犯错,在约束和规范的同时,不能限制学生的个性发展。

再次,辅导员应该营造和谐融洽的人际氛围。良好的人际关系,能够保障学生全神贯注地投入学习,减少一些琐事的骚扰和烦恼,能够促进学生积极进取,健康成长,能够形成良好的集体意识。作为辅导员老师,要有意识地营造和谐融洽的人际关系。一方面,作为教师,做到尊重学生、关心学生、爱护学生;另一方面,要引导学生在交往过程中,互相理解、团结友爱、公平竞争、宽容大度,生活和学习中能够互帮互助,从而让学生体会到集体的温暖,愿意为集体做出贡献,同时,也能在良好的班集体中实现成长。

最后,辅导员要组织开展形式多样的人文教育活动。通过开展人文教育活动,提升学生的人性境界,塑造学生的理想人格,涵养学生的人文精神。通过开展人文教育活动,培养学生良好的人文素养,才能帮助学生形成良好的道德品质。比如组织升旗仪式,开展爱国主义教育;开展感恩主题教育,增强学生的感恩意识和诚信意识;组织五四青年节主题教育,培养学生爱国爱党的政治素养等。

4. 辅导员要加强班集体的自主管理

学校开展素质教育的目的是培养学生自主、自律的意识和自主管理的能力。实现班级自主管理是良好班集体管理的目标之一。作为辅导员,要引导和教育学生开展自我管理,实现班集体的管理自动化。

班级自主管理包括计划、实施、检查和总结等四个环节。计划环节主要是要开展宣传和动员,告知全体成员班级管理的目标,要努力激发全体成员积极参与的热情,树立班级和个人的主人翁意识,让学生体验到自我管理的乐趣和成就,深刻认识到自己是班级的主人。实施和检查环节是开展班级自主管理的重要环节。实施环节是指辅导员结合班级特点和学生特点,引导和教育学生规范、有序、自主管理班级的过程。检查环节是指在开展自主管理的过程中,辅导员要定期进行检查,通过评价、评比的方式,发现自主管理中存在的问题,及时进行纠正和处理,引导学生自我管理意识和自主管理水平不断提高。总结环节是辅导员要根据自主管理的具体情况和实际,开展总结,通过调动全班同学的积极性和自觉性,民主决策,确定班级发展的新目标和方向。

第五章

班干部的选拔和培养

在高校,选拔和培养班干部,是一项非常重要的工作。担任辅导员的辅导员老师,只有学会把工作任务分配下去,组织动员学生,让自己从无数琐碎和繁杂的班级管理事务解脱出来,才能有时间思考和规划班级的整体发展目标和方向,才能让班级高效、有序运转成为可能。同时,通过培养班干部,让学生参与班级管理与服务,既提升了学生的责任心和集体荣誉感,也锻炼了学生的组织、管理、沟通能力,而且,随着学生干部能力的提升,辅导员的工作负担就会越来越轻,可以有更多的时间思考班级的建设、规划和发展,这是一个既有益于学生又有益于老师的事情。选拔和培养班干部,考验的是辅导员识人、用人、育人的能力和水平,这种能力和水平需要辅导员老师进行认真总结和思考才能获得和提升。

一、充分认识班干部的角色与功能

班干部是学生群体的骨干,是班级管理的重要力量,是辅导员的助手和参谋。在班级管理中,班干部是组织者、管理者、服务者、领导者、实施者。对于辅导员来说,由于班级事务繁多,而且,辅导员通常会身兼数职,离开班干部的配合,很难做好班级管理工作。作为辅导员,培养学生的综合素质和能力也是基本职责和任务。充分发挥班干部的功能和作用,对辅导员开展班级建设和管理非常重要。

1. 班干部的角色定位

班干部是班级管理的重要力量,是协助辅导员实现班级奋斗目标的核心力量,是整个班级的火车头和领头雁。班干部是辅导员的得力助手,辅导员要充分认识班干部在班级中的角色,同时帮助和引导班干部做好角色定位,发挥班干部在班级管理中的助手功能和作用。

首先,班干部是学习者。同其他学生一样,班干部的主要任务是学习。班干部不是一种职业,从一名普通学生成长为一名班干部,依靠的不是岗前职业培训,而是学习和实践。有的辅导员或者学生误认为,班干部是辅导员的帮手,是学生里的"领导"。选拔班干部,就是为了管理和监督学生。这样容易造成学生和班干部之间的对立和冲突,时间长了容易让班干部产生优越感,脱离学生群体,得不到学生的拥护和支持。有的辅导员在选拔和任命班干部时只是片面考虑学生的学习成绩,选拔和任命学习成绩好的学生担任班干部,领导和管理才能、沟通和交流能力并不突出,造成班级管理的低效。辅导员选拔班干部后,要注意教育和引导班干部摆正自己的位置,把自己看做和其他同学一样,不搞特殊化。

其次,班干部是服务者。班干部的服务者角色决定了辅导员要引导和教育班干部牢固树立服务意识和奉献意识,并且要将服务付诸实际行动,勇做辅导员的"眼睛",及时发现班级问题,帮助班级学生解决学习、生活、思想等实际困难。班干部只有将自己定位为"服务者",才会有工作的责任心和饱满的热情,才能真正发挥模范带头作用。辅导员要不断督促,让班干部增强服务意识和奉献精神,想同学们所想,急同学们所急,在班级中的各方面做好服务。辅导员要教育班干部,班干部的权力是集体赋予的,班干部受到辅导员和班级全体成员的委托,紧紧围绕班级成员的学习和生活、任课教师的课堂教学以及辅导员的班级管理服务,要为班级和班级全体成员负责。班干部只有牢固树立服务意识和奉献精神,并切实付诸行动,才能获得班级学生的支持和认可,真正得到班级学生的拥护,实现班级、班干部和普通学生的共同成长。

再次,班干部是管理者。虽然班干部是学习者和服务者,但是,班干部是辅导员的重要助手,具有一定的管理职能,在班级制度的实施、班级文化的营造、班级活动的组织等方面,都要充分发挥一定的管理作用。班干部既要努力成为辅导员的助手,遵从辅导员的安排和指导,同时,班干部要在实践中形成自己的工作思路和工作方法,组织同学们执行学校和辅导员安排的任务和要求,组织并参加丰富多彩的校园文化活动。作为辅导员,一方面要教育和引导班干部淡化"官"的意识,避免滋生特权思想。如果班干部认为自己是学生干部,处处感觉高人一等,其他同学必须服从自己的指挥和管理,班干部就不可能真正做到为班级和同学服务,会脱离普通学生群体,严重影响工作效果。另一方面要指导好班干部组织和开展班级管理工作,掌握一定的领导和管理的方式方法,充分发挥组织管理的职能。

最后,班干部是联结者。班干部是辅导员同学生之间联系的桥梁和纽带。相对于辅导员,班干部与同学们朝夕相处,他们对班级和学生的情况掌握得更加准确、全面和深刻。班干部要把掌握的班级和学生信息以及班级成员的意见、愿望、诉求、思想动态等及时上报给学校相关管理部门或者辅导员,实现师生之间相互了解,密切联系,有助于辅导员工作顺利的开展。同时,班干部要把学校和辅导员的工作安排落实到班级,完成学校等上级部门交办的任务。辅导员应该定期召开学生干部例会,加强同学生干部的情感沟通和工作指导,同时,通过学生干部例会,了解和掌握班级近期情况,及时发现问题。辅导员遇到问题,应该充分利用班干部的桥梁作用,安排班干部先详细了解具体情况,辅导员再深入了解,科学做出判断和决策。

2. 班干部的基本素质

辅导员要充分认识到:并不是所有人都适合担任班干部。作为班干部,要具备多方面的优良素质和能力,才能实现对班级的有效领导。部分辅导员只是片面考虑学习成绩,只选拔和任命学习成绩突出的学生担任班干部,是不可取的。辅导员要善于发现具备领导和管理能力的学生,同时要注意对选拔任命的班干部进行培养,提升其基本素质。

首先,班干部应该具备责任心。责任心是指一个人自觉承担与其社会角色对应的任务的态度与行为,它作为个体人格、社会性品质的重要组成部分,受到学校和家庭的重视。作为辅导员,要选择责任心强、品学兼优、身心健康、有奉献和志愿精神的学生担任班干部。班干部的责任心体现在六个方面:①要对自己负责,包括对自己的学业、健康、声誉等方面负责;②要对他人负责,包括对朋友、父母、亲人等负责;③对集体负责,包括对家庭、班级、学院、学校、社会、国家等负责;④对任务负责,包括认真对待自己应该承担的工作;⑤对失误负责,包括对于自己的过失导致不良局面等方面负责;⑥对承诺负责,主要是对自己已经答应和已经保证和承诺的事情负责。责任心强的人,即使不擅长某件事情,也能非常认真和勤恳地去做好。责任心不强的人,就算是擅长某件事,或者对某件事情感兴趣,也不一定能够做好。

其次,班干部应该具备学习能力。对大学生来说,学习是最重要的任务之一。学习能力是一个人生存、竞争、创造的基础,是成长必不可缺的能力之一。对于辅导员而言,打造学习型班级,强化班干部的学习能力是非常重要的。学习型班级的建设由两个层面构成,一个是个人学习层面,另一个是团队学习层面,后者对学习型班级的贡献要强于前者。班干部在团队学习中起模范带头作用,如果班干部学习能力不强,无法做到表率和榜样,会影响学习型班级的建设。辅导员在选拔班干部时,要充分考察班干部的学习能力。

再次,班干部应该具备良好的心理素质。良好的心理素质,包括广泛的兴趣、丰富的情感和坚定的意志等。相对普通同学,班干部面临更多的挑战和困难。除了面对学习任务,班干部要协助辅导员处理烦琐的班级事务,要带领班级开展丰富多彩的活动,还要处理更加复杂的人际关系。可以想象,一个兴趣狭窄、孤僻冷漠、意志薄弱、缺乏进取精神和主动精神的学生,是难以担当班干部重任的。作为一名班干部,应该具有健全的人格,要能正确认识自己,看到自己的优点,认清自身的缺点,能够自尊、自信,悦纳自我;要有一个开放的心态,不断学习新的事物,吸取新的经验;要有理解他人、宽容他人的心胸,能够妥善处理人际关系,合理应对与他人之间的冲突;要有良好的团队精神,做好个人利益和他人利益的平衡;要有一定的抗挫折能力,能够自主调控情绪,保持心态积极、平和。

再次,班干部应该具备组织管理能力。作为班干部,经常要配合辅导员组织开展班级活动,因此,应该具备一定的组织管理能力。班干部应该具有较高尚的思想品德,具有令人信赖的人格。班干部要具备一定的领导能力,能够激发班级成员的热情,带领班级全体成员完成工作目标和任务。班干部要在班级成员中树立一定的威信,才能得到班级成员的拥护和认可。班干部的组织管理能力高低直接决定班级管理的效率和效果,辅导员要充分重视。

最后,班干部应该具备良好的沟通能力。学者对沟通能力的精确定义尚有争议,但是大多数人同意,有效的沟通必须包含能够在大多数情况下维持和增进关系,能借此实现目标。善于沟通者,拥有多样的行为反应,懂得从各式各样的沟通行为中适时地选择对自己和对沟通对象最有效的回应方式。善于沟通者,不仅了解沟通技巧,而且懂得在不同的情境中运用不同的沟通技巧。善于沟通者,也善于表达所需的沟通技巧。班干部要经常与各种类型的学生、任课教师、辅导员以及学校部分职能部门等群体和组织打交道,只有拥有良好的沟通能力,才能维持和各种群体的和谐关系。班干部要懂得5个必须,即必须知道自己要说什么,必须知道什么时候说,必须知道什么情境说,必须知道在对谁说,必须知道怎样说。

二、了解掌握班干部选拔的方法

辅导员要掌握科学的方法,精心选拔班干部,形成能力强、作风正、人心齐、公平、公正的管理核心。班干部的选拔有多种方式,辅导员可以使用任命制、选举制、竞选制和轮换制等方式选拔和任命班干部。

1.任命制

班干部任命制,就是由辅导员进行选拔和任命班干部的方式。通常在新成立和新组建一个班级时,由于班级成员之间相对陌生,互不了解,辅导员会采用这种选拔方式。个别辅导员针对成熟的班集体,也会采用这种任命方式。辅导员在采用这种任命方式时,需要充分了解学生。任命班干部的标准主要是思想品德端正、学习能力较强、具有强烈的责任心、人际关系融洽、具有一定的领导能力、有较强的奉献精神、自律能力较强、能够以身作则、身先示范。针对新建立的班集体,辅导员可以通过以下几种方法来了解学生:

(1)观察法。在新生接待时,辅导员就要有意识地观察学生,看他们的思维方式、待人接物、组织管理等方面。辅导员也可以在班级活动中进行观察,留意学生的任务完成、做事方式、沟通协调、情绪表现以及组织管理能力等方面。

(2)调查法。辅导员可以通过查阅学生档案、查看学生品行评语等资料了解学生。也可以通过设计调查问卷,了解学生的兴趣和特长、履职经历、愿意从哪些方面为班级做贡献、乐意担任何种班干部等。

(3)谈话法。辅导员可以通过与学生谈话的方法,了解学生的意愿和能力。同时,通过谈心法,尤其是同来源于同一个地方或者学校的学生谈心,让他们进行推荐。

班干部任命制是一种比较普遍的传统形式。这种方式的优点是能够充分体现辅导员的意图,帮助辅导员树立权威,有利于班级工作计划和目标的落实。但是,这种方式也存在一定的缺点:①容易造成班干部"终身制",班干部的能力得到了充分的锻炼,但是其他同学没有锻炼的机会。②辅导员的主导性过强,不利于班干部积极性和主动性的发挥,导致班干部自我管理的能力得不到锻炼和提升。③容易造成班干部与学生之间的情感隔阂。④如果在任命和选拔班干部时,辅导员与私人关系挂钩,导致班干部选拔缺失公正性和平等性,班干部任命制就完全被扭曲了。

因此,采取班干部任命制,辅导员必须充分考虑到这种方式的优缺点,建立科学合理的选拔标准、客观有效的考察模式以及精心设计的培养制度,必要时,可以和其他选拔方式有效结合起来,才能充分发挥班干部任命制的有利作用。

2.选举制

班干部选举制,就是由班级成员推荐本班品学兼优、能力突出的学生担任班干部的一种方式。班干部选举制适用于工作已经走上正轨和稳定的班级,班级成员之间已经有了一定的了解。采用这种方式选拔班干部,所选拔的班干部通常具有较高的威信,得到班级多数成员的认可,与班级成员的关系更加融洽。辅导员在采用这种方式时,需要掌握以下几点:

(1)辅导员要做好舆论宣传。辅导员动员班级成员充分讨论班干部选拔的标准、意向,在了解学生的想法和愿望的同时,也能在班级中形成舆论氛围,为选举做好暖身和铺垫。

(2)辅导员要确定参选候选人。通过与学生进行逐一谈话,以及通过辅导员的日常观察等,充分了解学生的能力和意愿,辅导员整合学生的意见后,确定参选候选人。

(3)辅导员要组织竞选。辅导员要根据班级实际需要,提供选举职位,职位数量可多可少,包括班长、团支书、副班长、学习文员、生活委员、文体委员、卫生委员等。辅导员可以安排学生主持选举,实行差额选举,选举时依据票数的多少确定人选。

(4)组织新任班干部发表就职感言。辅导员需要注意,组织就职发言环节是非常有必要的。一方面是对新任班干部的历练和考验,督促新任班干部认真思考,积极主动开展工作。另一方面,也是对新任班干部的督促,让新任班干部充分认识到自己的责任和期待。

(5)辅导员通过口头或者书面的方式公布班委会的名单。班干部选举制的优点是选拔的班干部通常具有融洽的人际关系、较强的管理能力和优良的学习成绩等,组建的班委会更加坚强有力,这种方式选拔的班干部一般群众基础较强,具有较高的威信,容易得到班级成员的拥护。

3.竞选制

竞选制,就是学生自由申请,班级全体成员投票的方式。竞选制是一种较为公平、信服度较高的班干部选拔方式。同选举制相同之处在于,通过竞选的方式选拔出来的学生干部往往受到班级同学的认可和拥护,同班级同学的关系较为融洽和紧密。

组织班干部民主竞选,辅导员需要注意以下几点:①辅导员要提前告知学生竞聘职位、竞聘条件。竞聘条件要适宜,不宜过高。②辅导员要让竞聘的学生通过公开竞选的方式,阐述自己就职的工作思路和工作措施,有利于发现能力突出的竞聘者。③辅导员要营造公平竞选的舆论氛围。要引导班级学生充分考虑班集体的利益,公平公正地进行投票,把有奉献精神、有突出能力、有较高修养、学习能表率的学生选举出来,坚决避免竞聘前的拉票行为。

竞选制的步骤一般包括:①辅导员公布候选人的基本资格、竞选条件以及竞选的具体要求和安排。②学生根据自己的实际情况和意愿,对照拟竞选的职位自主选择,准备竞选演讲稿,介绍自己的工作设想、工作思路。③组织召开全体学生班会,参与竞选的学生逐一登台进行公开演讲,阐述自己竞聘的动机、工作设想和规划。辅导员要提前设置演讲时间,一般以3~5分钟为宜。④推选3人成立选举监督小组,一般为1名计票人、2名监票人,负责进行点票、唱票、计票和宣布结果等工作。⑤班级成员投票。需要注意的是,在投票之前辅导员要做好教育和引导,向班级成员强调应该正确行使投票选举权,公平公正进行选举,要注重集体的利益,把有能力、有责任、有道德的合适人选选举出来。然后班级成员进行无记名投票,一般依据票数的多少进行确定。⑥辅导员公布竞选结果,可以安排竞选的同学进行"就职演讲"。竞聘结束后,辅导员要进行明确的分工,督促班干部各负其责。

竞选制的优点是能够选拔出责任心强、工作高效的班干部群体,他们同普通学生的关系比较融洽,容易受到普通学生的支持和拥护,可以保证班级日常事务正常或者高效运转。缺点是选拔出的班干部人选可能不符合辅导员的要求和设想,辅导员要进行教育和培养。此外,竞选制可能会存在个别学生贿选的现象,辅导员要做好调查和监督。

4. 轮换制

轮换制,就是依据一定的规则,学生轮流担任班干部的方式。班干部轮换制,一般要同民主选举和自由竞聘等形式结合起来,定期改选。

班干部进行轮换,辅导员可以采取多种模式:全体班干部定期轮换,这种模式就是辅导员定期更换班长以及其他所有班干部;部分班干部轮换,即辅导员可以固定几个班干部骨干,其他班干部定期更换;班长考察制,即辅导员安排班委轮流担任值班班长,通过这种方式锻炼学生的能力。辅导员也可以根据班级实际情况制定轮换模式或同时采用多种轮换模式。

实施班干部轮换制,可以调动更多的学生为班级贡献智慧和力量,通过轮换制,也能让更多的学生得到锻炼。其优点主要在于:①辅导员创造了机会,为更多学生提供了锻炼自我和展示自我的舞台,班级成员的整体素质得到提升;②有利于增强学生的荣誉感和责任感,调动更多的学生参与班级建设和发展;③有利于培养学生的管理能力和独立意识,促进学生和班级的共同成长;④有利于培养学生的竞争意识和不服输、追求卓越的精神。

轮换制的缺点是轮值的班干部能力不均衡,部分轮值的班干部能力不强、责任意识淡薄,会造成轮值期间班级管理的混乱。有的辅导员把握不好职责考核和奖惩制度,轮换制就可能会沦为绝对的平均主义,学生不重视班干部的职责和功能,不努力积极争取,认为早晚都会担任班干部,或者认为干好干坏一个样,担任班干部期间做一天和尚撞一天钟。这样会影响整个班级工作的有效开展。作为辅导员,采用这种任命方式,要善于发现不同学生的特长,充分发挥他们的优点,扬长避短,同时注重实施指导和监督,保证班级建设和发展的平稳有序进行。

三、充分做好班干部的培养

作为辅导员,选拔和任用班干部是非常重要的工作,要想充分发挥班干部的作用,辅导员还要对班干部进行精心培养和指导。培训班干部,是辅导员的重要工作之一。没有人天生就会做班干部,能力都是后天培养和锻炼出来的。班干部培养的目标是让学生学会做、做得好、能创新,在实践中得到锻炼。辅导员对班级各类班干部的指导和培养,应该包括角色定位、思想观念、具体方法等多个方面,同时要进行定期检查和监督。

1. 指导班干部正确定位

班干部的角色是学习者、服务者、管理者和联结者。辅导员要教育和引导学生进行角色定位,首先,要教育和引导班干部认清自己的学生身份,明确自己的主要的任务和目标是学习,完成班级工作任务的前提是认真完成学习任务,树立良好的学习态度,养成科学的学习方法,保持较好的学习成绩。学习成绩在班中表现优异,才能获得学生的拥护和认可。其次,要教育和引导班干部牢固树立服务意识。班干部不是学生官,在身份上和普通学生是平等的,班干部是为班级、为全体同学服务的。再次,要教育和引导班干部履行管理职责,班干部要辅助辅导员完成班级事务管理,要按照一定的要求和规定开展管理工作,同时,应该大胆履行管理职能,杜绝畏首畏尾和消极被动。最后,要教育和引导班干部充分发挥桥梁和纽带的作用。既要同学生们保持融洽的人际关系,能够将学校和辅导员的任务和要求落实到班级成员,同时,又要同辅导员有密切的联系,及时把班级的情况汇报给辅导员。

2. 明确班干部岗位职责

班干部的主要职责就是协助辅导员规范班级成员的日常行为,及时发现班级以及班级成员的各类问题,及时妥善处理、引导和教育。辅导员要根据班级的实际情况,设定岗位,保证每个岗位能充分发挥作用,杜绝岗位虚设。合理设置岗位后,必须明确岗位职责。否则,任务虽然分配下去了,学生还是不知道自己的责任,不知道具体如何做。没有职责的岗位,工作效果的好坏和标准辅导员不容易掌控,只能依赖学生个人的能力、态度和责任心。所以,辅导员应该分别制定岗位职责,同时发动班级成员共同讨论工作职责,明确每个岗位的职责,确定下来后最好形成文本,将书面版的岗位职责要求下发给相应岗位的班干部。班级的岗位职责明确,可以帮助班干部快速进入角色,履行职责,帮助班级运行迅速进入正轨,减少了辅导员工作中不必要的麻烦和纠纷。而且,明确的岗位职责,会让班干部在履行职责时增强责任感和义务感,帮助班干部实现快速成长和历练。辅导员需要注意的是,班级中的岗位职责是多种多样的,重要的岗位职责应该通过群公告、班级教室公告栏等告知班级成员,一方面方便辅导员和班级成员进行查阅,另一方面也是对班干部职责履行的监督。

3. 指导班干部具体工作方法

优秀的班集体一般会有一群优秀的学生干部,优秀的学生干部背后一定有一个善于指导的辅导员。辅导员要指导班干部开展具体的工作,避免代替班干部们去完成,否则他们永远也不会相信和想到自己也可以做,凡事依赖辅导员,大事小事都会不假思索地去问辅导员怎么做。有些辅导员就像是保姆,什么都替学生做好了,看上去勤勤恳恳,兢兢业业,从早忙到晚,但是实际上辅导员自己非常辛苦,学生也得不到锻炼,也不一定能体会到辅导员的爱心。

辅导员应当对班干部进行定期培训。可以采用即时指导和定期培训相结合的方式进行。即时指导主要是辅导员在班级事务处理结束后立即对班干部进行教育和指导。由于事情刚刚结束,班干部的印象还非常深刻,此时进行培训就有很强的针对性和时效性。无论班干部做得好还是坏,辅导员都要及时进行点评,并且要指出关键点,让班干部知道哪些事情做的正确、哪些事情做错了,今后如何改进和提高。定期培训主要是召集学生干部例会。每周固定召开一次或者两次班干部例会,遇到特殊情况随时召开。召开例会时应该设定固定的流程,比如班委会逐一将自己分管的班级工作和问题进行汇报,辅导员进行点评和处理。召开例会时应该安排专人进行记录,方便查询。辅导员还可以安排优秀的班干部在例会上进行经验交流,提升班干部的整体水平。

辅导员应该指导班干部掌握基本方法。基本的方法主要包括:①如何站在全局和整体思考问题;②重点工作是哪些,如何做好主次分明;③如何高效完成任务;④如何进行任务的部署和动员;⑤如何团结大多数同学,如何妥善处理好同任课教师、班级同学之间的人际关系;⑥如何正确处理和协调好个人学习和班级工作的关系;⑦指导班干部养成反思的习惯。

辅导员要安排和指导班干部撰写工作计划,对整个学期或整个学年的工作进行梳理和规划;要安排和指导班干部撰写工作总结,梳理计划完成情况、工作成绩以及存在不足,从而促进今后的改进和提升;要安排和组织班干部述职和评议班会,通过班干部公开述职和全体学生评议的方式,增强班干部的责任意识,提升班干部在全体班级成员中的威信,同时,通过阐述自己的工作情况,让班级成员了解到班干部的辛苦和难处,更能体谅班干部,从而能够积极配合班干部的工作。最后,辅导员应该启发并鼓励班干部创造性开展工作。辅导员要大胆布置具有挑战性的任务,让班干部尝试去思考和完成,做得好予以表扬和肯定,做得不好予以指导,帮助班干部总结经验,继续尝试。

4. 组织定期个别谈心

辅导员要灵活运用个别谈心的方式,加强对班干部的指导和培训。辅导员定期同班干部进行个别谈心,既能增加师生之间的了解和友谊,又能有针对性地帮助班干部解决思想问题和实际问题。在同班干部进行个别谈话时,辅导员要注意态度和方法,要以说服和疏导为主,态度诚恳,方法得当,尽量用事实说明道理。辅导员同班干部进行个人谈话,有助于消除班干部对辅导员的敬畏,解除班干部心中的顾虑。部分新上任的班干部面对新的挑战会有一定的压力,一是,担心自己完不成任务,做的不够全面和完善,辜负老师和同学对他的期望。二是,担心因为工作耗费大量的时间和精力,会对自己的学习成绩产生影响。三是,担心在履行职责时处理不好会影响与同学的关系和友情。辅导员要通过个别谈话的方式,了解班干部的实际困难和面临的问题,帮助班干部学会管理时间、掌握人际交往的技巧、了解基本的工作方法以及高效学习的方法等,让班干部迅速成长。

5. 建立表彰奖励制度

担任班干部,意味着比普通学生更多的付出和奉献,辅导员要注意设立单独的班干部表彰和奖励制度。辅导员要对班干部的工作进行及时的评价,要对班干部的工作进行定期和不定期的检查和评比。没有评价、检查和监督,班干部就会产生懈怠心理,缺少改进和提升的动力;没有评价、检查和监督,就不能及时发现问题和解决问题。辅导员不仅要对班干部的工作进行及时的评价、定期的检查和监督,还应该发动学生对班干部的工作进行监督和评议,增强检查和监督的力度和效度。对于能够创造性开展工作、取得一定成绩的班干部要给予肯定和表彰;对于没有做好工作,但是态度认真的班干部要给予鼓励和指导,帮助他们总结经验和教训,不断提升工作能力,辅导员尤其需要注意的是,如果班干部没有做好工作,尽量不要进行公开的批评和教育,批评和教育应该在私底下进行,并给出合适的方法指导。

6. 建立班干部退出制度

能力不足或者责任心薄弱的班干部,如果经常完不成任务,或者民主测评不合格以及任课教师意见较大,不仅不能帮助辅导员进行班级管理,还会对班级的正常运转产生负面影响。不合格的班干部任职一天,就会对班级管理造成一天的困扰和阻碍,长此以往,事情会变得越来越糟糕。所以,辅导员要建立良好的班干部退出机制,果断撤换不合格的班干部。在进行撤换时,辅导员要注重方式和方法。中途更换班干部是一件比较麻烦和棘手的事情,要尽量避免。辅导员需要注意以下几点:①在班干部选拔和任命时,就尽量保证公平、公正、科学、合理,全面考察,尤其是班长、团支书等关键学生干部,更要慎重考察和选拔。②设置试用期,即对于选拔的班干部设置一段时间的试用期,试用期满表现合格再进行正式任用。③
设置班干部任期制度,杜绝"班干部终身制",任期可设置为一学期或者一
学年,班干部任期期满后重新进行选拔和竞选。

第六章

大学生课外活动组织

活动是学校教育活动的重要组成部分,也是辅导员工作的重要内容之一。活动涉及学生学习和生活的方方面面,对于学生的发展和集体意识的构建具有重要意义。通过学校活动,学生要参与策划、准备和具体实施,从而锻炼了实践能力;通过学校活动,给学生提供展示自己优势和才能的平台,从而帮助学生更好发展自己的个性和能力;通过学校活动,督促学生同不同的人群交往,从而培养学生的沟通能力、组织能力和合作精神;通过学校活动,帮助学生开阔眼界,参与社会实践,从而提升学生的社会责任感。辅导员要掌握活动的类型、活动设计的原则以及活动的组织方法,提升活动育人的效果。

一、活动的类型

根据分类标准和活动内容,活动可以区分为不同类型,辅导员经常组织的活动有以下几种。

1. 主题班会

主题班会主要是辅导员围绕一定主题举行的班级全体成员会议。班会具有比较强的针对性,主题主要是围绕同学们关心和感兴趣的问题、重要节日纪念日、学生之间具有分歧的问题、突发事件等展开,主题班会一般中心思想比较明确,需要全体班级成员共同参与,具有教育性、知识性和趣味性,能够帮助学生提高认识、发展个性、愉悦生活、促进班风,是辅导员定期组织的活动之一。主题班会的形式，可以是主题报告会、汇报会、讨论会等。比如召开新生入学安全主题班会、针对疫情防控开展主题教育班会、针对国庆节等开展爱国主题班会等。主题班会要定期开展。

2. 例会

例会，是辅导员实行民主管理的例行会议，是一种常规活动。辅导员可以开展班级例会、学生干部例会等。

班级例会主要是围绕班级运行和管理的常规问题展开，比如学期初的班级工作计划例会、学期中的班级中期检查例会、节假日前的安全教育例会、学期末的班级工作总结例会等。通过开展例会，帮助班级全体成员明确本学期班集体的发展和奋斗目标，明确班级学生的个人奋斗目标，帮助学生梳理本学期的学习、工作思路，督促学生努力工作和学习。班级例会，也是班级成员的安全保障，提醒同学们注意日常生活安全问题。

学生干部例会主要由辅导员定期召开，主要学生干部参加。通过开展学生干部例会，辅导员了解班级、学生组织的进展情况和整体发展，及时处理组织中出现的问题，安排部署学校、学院或者班级的近期工作任务。同时，学生干部例会也是培养学生干部的一种方式，在学生干部例会上，辅导员可以教授给学生干部具体的工作方法，为学生干部的困难和问题提供解决思路。

3. 文体活动

文体活动能够丰富学生的课余生活、活跃气氛、提升学生的综合素质、增进学生之间的沟通和交往、培养学生的团队精神和协作意识。文体活动因其趣味性、开放性、易操作性等特点，受到学生们的认可和欢迎。辅导员应该定期组织学生参加文体活动。学校经常开展的文体活动包括音乐会、朗诵会、合唱比赛、文艺晚会、才艺展示、舞蹈大赛、健美操比赛、广播操比赛、各种球类竞赛、放风筝比赛、运动会等。辅导员组织班级文体活动，有助于班级凝聚力的增强和班级氛围的调节。组织此类活动，辅导员要引导学生做好策划，一些文艺演出活动，需要安排学生提前彩排。辅导员可以积极参加学生的文体活动,一方面可以展示自己的才华,另一方面可以拉近同学之间的距离。

4. 学习活动

为了给学生提供学习习惯、学习方法的指导,调动学生学习的积极性,营造比学赶超的良好氛围,同时,也为了丰富学生的知识,增长学生的见识,辅导员要有意识地开展形式多样的学习活动。学习活动主要包括以下几种类型。

(1)展示,包括读书笔记展示、学习心得展示、学习成果展示等。可以通过网站、公众号,也可以通过展板、黑板等进行展示,目的是推动学生之间的交流,帮助学生提高自身的学习能力和学习效果。

(2)组织学习经验交流会。辅导员可以邀请本班级、本年级的学生现身说法,介绍学习经验,可以邀请别的学院、年级、班级的学生开展学习经验指导和交流,如组织考研学生经验交流会、学习方法经验交流会等等,都能给摸索学习方法的学生提供思想启迪和方法指导。

(3)组织学习方法指导会。辅导员可以邀请专业教师,也可以根据学生学习掌握的情况邀请特定学科的老师,开展学习方法讲座等,就这一个学科或者课程的学习方法进行具体指导,帮助学生掌握学习方法,提高学习成绩,树立学习的信心。

(4)组织开展学科知识、技能的竞赛。结合学生的学习情况和发展现状,设计规划题目、组织开展知识、技能竞赛,帮助学生端正学习态度,提升学习动力,牢固掌握知识和技能,达到教育的效果。

(5)组织开展课外阅读活动。阅读对学生来说是非常重要的,通过阅读可以增长见识、培养学生的写作能力和水平、锻炼学生的逻辑思维能力、帮助学生明辨是非,同时,阅读还能充实学生的学习生活。辅导员要鼓励学生多读书、读好书,要组织开展读书交流活动、图书推荐活动等,帮助学生树立读书的好习惯,培养学生的人文素养。

5. 科技创新活动

科学技术是第一生产力。随着科学的进步,社会的发展,科技创新能力已经成为综合国力竞争的决定性因素。科技创新成为各级各类学校关注和实施的重点。开展科技创新活动,鼓励学生积极参与创新、创造,是辅导员非常重要的工作内容之一。通过开展科技创新活动,激励学生参加科技创新的热情,丰富和开阔学生的视野,满足学生的求知欲和探索欲。

辅导员要多组织科创讲座活动。要定期组织开展科技创新讲座,邀请在科创方面取得较高成绩的学生现身说法,介绍经验;邀请科技创新相关的专家学者介绍科创成就或者科创成果,让学生了解相关专业的前沿问题。

辅导员要多组织开展科技参观活动。要组织或指导学生参观当地的自然博物馆、科技馆、高科技企业、单位等,营造科技创新的良好氛围,鼓励学生将所学投身科研实践。

辅导员要多组织科技竞赛活动。目前,各级各类科创比赛如火如荼地举行。互联网+大学生创新创业竞赛、挑战杯大学生课外学术作品竞赛、挑战杯大学生创业计划大赛、科技文化艺术节等比赛,都是学生展示科创能力和水平的平台,通过组织相关比赛,营造竞争氛围,鼓励有科创实力的学生尽早投入科创领域。

6. 社会实践活动

社会实践活动是学校教育向课堂外的延伸,是推进素质教育进程的重要途径,有助于大学生接触社会、认识社会、改造社会。社会实践活动对于大学生来讲具有非常重要的意义。辅导员应该有计划、有目的、有组织地指导和开展社会实践活动,鼓励学生走出校门,走进社会,增见识、长才干、做贡献。

辅导员应该组织学生定期开展参观活动。要利用课余时间、节假日等时间,组织学生参观工厂、村落、部队、纪念馆、博物馆、文化古迹等场所,了解社会现实,了解党的历史,学习红色故事。

辅导员应该组织学生开展社会调研。要通过社会调研、文献搜集等方式,发现社会痛点和难点,制订调查计划,列出调查提纲,分析调查数据,提出解决路径,为社会和国家的发展建言献策。

辅导员应该组织学生开展志愿服务活动。要鼓励和引导学生走进社区、走进农村,围绕教育关爱、环境保护、创新创业等开展志愿服务活动,让学生为社会贡献力量,帮助学生将所学运用于社会,增强学生的社会责任感。

7. 劳动教育活动

劳动教育活动具有人生观、世界观、价值观培养的功能和作用。通过劳动教育,帮助学生深刻理解劳动的本质、价值和方式,帮助学生了解自然、认识世界,养成踏实、勤奋、严谨的优良品质。

辅导员要鼓励学生开展自我服务性劳动。要教育学生养成良好的个人卫生习惯,整理个人内务,做好个人清洁;要教育和引导学生开展学校内的自我服务劳动,包括宿舍值日、教室卫生区值日等,能够承担学校中的日常基础劳动。

辅导员要组织开展社会公益劳动。包括走进车站、社区、医院、敬老院等,进行卫生打扫、环境整理、花卉种植、物品摆放等力所能及的劳动活动等,增强学生的社会责任感。

二、设计活动的原则

组织有效的活动是增强学生个人能力、增进集体意识的重要手段和途径,是衡量集体如班级等组织发展水平的重要指标,辅导员要精心设计活动,充分认识和学习设计活动的基本原则。

1. 设计活动要遵循教育性原则

学校组织开展的活动是一种有目的的行为,其根本目标是促进学生的发展,富有教育性是活动组织的内在追求。在设计活动时,要体现活动的教育作用,不能盲目地为了活动而活动。活动的内容要健康、向上,格调要高雅,要避免活动中出现低俗、恶劣的言行和场景,以免对学生产生不良影响。活动的教育性原则,不仅体现在活动组织的动机方面,还要体现在活动组织的效果方面,辅导员在组织活动时,要将二者统一起来。

2. 设计活动要遵循针对性原则

针对性原则,是指在活动的设计和组织中,一是要充分考虑学生的年龄特点和身心发展的需要;不同年级,参与的活动是不一样的。比如针对新生开展学习交流活动、校园适应活动,这些活动显然不适合毕业生或者高年级学生;比如针对毕业生开展求职活动、就业指导活动,这些活动低年级的学生就不适合。二是要考虑学生专业学习和成长的需要,活动和专业学习结合起来,才能帮助学生更好理解专业知识,更好将专业知识应用于实践,活动同第一课堂活动结合起来,也会引起学生的兴趣和参与热情。三是要针对集体中实际存在的问题和痛点。活动开展总是依据一定的教育目的,针对集体中的实际存在问题开展活动,学生更有主观认识,活动开展的效果就越明显。四是根据社会需要,尤其是根据社会不良因素对学生的影响开展活动,能够引发学生的关注和共鸣。比如,针对社会上存在"学得好不如嫁得好"的观点,可以组织辩论赛,帮助学生深刻和全面地认识问题,树立正确的三观;针对社会上存在"佛系"和"躺平"的现象,组织开展主题班会,营造良好的舆论氛围,鼓励学生树立远大理想,培养奋斗精神;将疫情防控中做出贡献的医护人员的事迹介绍给学生,为学生树立良好的艰苦奋斗和爱党爱国的榜样。总之,针对性越强,越容易为学生接受,活动的育人效果越好。

3. 设计活动要遵循主体性原则

辅导员在设计活动时,还要遵循主体性原则,即要明确学生是活动的主体。活动主题的确定、设计、准备和实践过程,一要紧紧围绕学生的需要,二要调动学生的积极性。辅导员履行好引导者、指导者和教育者的职责,最大限度调动学生的积极性,让学生愿意参与活动的设计、活动的组织以及具体实施。如组织文艺晚会,辅导员可以协助确定时间、地点、邀请的人员,可以安排给学生干部对活动进行设计,由辅导员进行把关,对活动的关键环节,辅导员提出自己的意见,发动学生干部以及热心的学生骨干对活动进行整体的组织和实施。辅导员在具体实施阶段要关注好学生们忽视的一些漏洞和问题,确保活动安全和顺利进行。这样,活动充分体现了学生的需要和意志,锻炼了学生的能力。

4. 设计活动要遵循开放性原则

开放性原则的目的是主张活动的内容以及具体实施过程中都应该具有开放性。这就意味着活动的内容应该以学生的知识、经验和生活为背景,随着学生的成长变化而变化。同时,活动的实施也应该面向全学院甚至全校开放,辅导员应该鼓励与其他班级、年级、学院或者学校联合组织开展活动,既增加同学之间的了解,又能集思广益,整合资源,开阔视野,从而提升活动的质量和活动效果;活动实施也可以面向家长开放,邀请家长观摩和参加,给活动提出建议,从而加强家校协同育人效果;活动实施也可以面向社会开放,这样能够让学生更多地接触和了解社会,帮助学生在社会实践和体验中实现成长。封闭性的活动,不利于学生的个性发展,不利于学生同他人、社会的交流,缺乏应有的教育效果。

5. 设计活动要遵循生成性原则

生成性原则是指在活动实施过程中,除了达到预设的目标,在活动中有着生成性的本质。辅导员在组织学生开展活动设计和实施时,会提前对活动目标进行设定,对活动进行整体的规划和设计,这体现了活动的计划性。但是,在活动开展过程中,整个活动又并非完全根据预定的目标按部就班实施的过程。随着活动的不断开展,新的主题会不断形成,学生在这个过程中不断出现新的认识和体验,也会不断有新的创意和思想,这就是活动的生成性的体现。比如,学生在开展运动会的过程中,会感受到运动的重要性以及体育运动带来的身体上的满足和心理上的愉悦,在活动开展后,会设计运动相关的其他活动,组建运动团体等。在以"亲情"为主题的活动开展中,学生首先感受到的可能是亲情,但可以衍生出"友情""爱国情"等一系列的内容。

6.设计活动要遵循创造性原则

设计活动时,要遵循创造性原则,才能增强活动对学生的吸引力和教育效果。活动的创造性原则,一方面体现为活动内容应该具有创造性,即活动内容应该新颖、真实、趣味性和教育性完美结合。大学生的特点是青春、朝气、蓬勃、好奇心,唯有丰富多彩、思想内涵深刻、意义深远、形式多样的活动,才能满足他们的要求,适合他们的口味,激发他们积极参与活动的热情,让活动开展得富有成效,否则就会让活动的开展成效大打折扣。另一方面,活动的创造性还体现在活动形式的创新上。相同的主题,经过精心设计和规划,在开展过程中就可以实现形式新颖、吸引力强的效果。不管活动的目的有多明确,内容有多重要、多丰富,缺少合适的活动形式,学生也不会有太高的参与热情。辅导员要充分利用互联网等技术,调动学生的积极性,设计和规划主题突出、形式新颖、效果良好的校园活动。

7.设计活动要遵循易操作性原则

辅导员在设计活动时要注意活动具有可行性和易操作性。这就要求辅导员要注意:①活动的规模。对于日常性的活动,要短、小、实。短,就是时间短,日常性的活动,如每日点名、考勤,不要占用太长时间;小,就是要解决小问题,或者针对发生的问题进行一事一议,或者对某一个行为进行简要评价和引导;实,就是解决问题要实际,一次集中解决一个问题,不用面面俱到,确保能够有实效。对于一些参与人员多、费时、费力的大规模活动,定期开展即可,不宜频繁开展。②活动的频率。活动开展要根据学生的情况和集体的状况,不应该影响学生的正常作息和课堂教学。活动太少,学生容易产生枯燥、无趣的感受,影响学习生活,但是活动过多,学生花费太多的时间和精力在活动设计、组织和参与上,也会影响学生的学习。③充分准备。辅导员在引导组织实施活动,尤其是大型活动时,要进行整体把握,精心设计,尤其是一些安全细节,要考虑全面。要根据活动的性质和活动内容,提前预判可能出现的问题,提前做好应对突发事件的办法和措施,保证活动的有序实施。

三、活动组织和实施的步骤

校园活动的类型多种多样,形式也各不相同,辅导员要精心设计和组织,才能保证活动实施的良好效果,通常情况下,活动组织有以下几个步骤。

1.确定活动的主题

活动主题应该紧扣活动目的,能调动参与学生的触觉、听觉和视觉,要根据学生的年级特点、思想状况、发展需求以及学校教育教学的总体要求进行设计。比如,新生需要适应校园生活,根据新生的年级特点和需要,可以设计党的知识启蒙教育、新生学习经验交流会、校园一人游、图书馆的信息素养讲座等,帮助新生尽快了解校园,掌握大学的学习方法。在暑假放假前期,可以开展社会实践动员会以及社会实践培训会等,调动学生参与社会实践的积极性,同时帮助学生了解社会实践的重要意义、调研选题的方法、活动开展的注意事项等。在确定活动主题时,辅导员要注意:①做好活动的规划,要成为活动设计和开展的主心骨,对一些活动的目标、组织、实施等整个过程进行规划、预判,做到心中有数。辅导员整体把握活动主题是否与集体的奋斗目标、集体的建设规划相一致,是否是当前集体发展和建设的需要,辅导员还要观察参与学生的当下状况,是否有急需解决的热点问题,还要考虑是否符合学校整体的教育计划和活动安排,不要在时间选择和内容选择上出现冲突。②充分发动学生积极参与。辅导员要发动学生在活动前期进行讨论,征求学生的意见。可以通过召开座谈会、个人谈话等方式,将自己的设想告知学生,听取学生的意见和观点,认真收集和整理学生的反馈信息,有时也可以征求学院领导、学生家长的意见,通过多方搜集信息,确定活动主题,确保活动能够有利于学生成长、有利于集体建设和发展,有利于活动的开展。

2.制订活动计划

活动主题确定之后,就要制订活动计划。

首先,要明确活动的目标。辅导员要了解国家、社会和学校对学生的教育目标,设计活动时要体现整体的方向;辅导员还要掌握学生的年龄特点、生理特点、心理特点和发展需求,要根据学生的发展特点和需求来设计活动,活动的根本目的是帮助学生实现成长。

其次,要设计实施步骤。辅导员要组织认真负责、能力突出的学生干部进行讨论交流,讨论活动的目的和活动的立意,初步确定活动实施的内容和环节。进行讨论时,对于活动的方式、举行的时间、具体的步骤、活动的分工、场地的选择、会场的布置、活动的器材、出席活动的人员等问题,要尽可能考虑全面,要注意活动的细节。

再次,要拟订活动策划书。根据讨论的结果,可以指导和教育学生干部完成活动方案的初稿,撰写出活动策划书。活动策划书要说明活动的主题、活动的目的、活动的对象、活动的邀请嘉宾、活动的方式、活动的时间和地点、活动的流程、活动的具体分工等。学生干部完成初稿后,辅导员要进行总体的审核和把关,调整不合理的内容,增加学生遗漏的问题,对策划书的格式、内容,都要进行具体的指导。

最后,要征求意见。辅导员可以召集学生代表进行座谈和交流,也可以利用网络、QQ 群、微信群等,将活动策划书提前告知和展示给学生,让学生提出建议,同时让更多的学生提前了解活动,做好宣传动员,又能让学生提前做好准备。

3. 活动的组织和准备

活动的准备包括确定活动的时间和地点,要告知活动参与人详细信息,要落实活动中所需要的器材或物品,要对照活动步骤和流程逐一梳理涉及的人和物,保证开展活动时人员到位,物品齐备。

活动的准备包括对活动的实施进行明确的分工,根据活动的内容明确活动的总体负责人、会务材料负责人、会务礼仪负责人、对外联系负责人、会场布置负责人、宣传负责人、主持人、发言人等。要明确各个负责人的职责和任务,要选拔能力强、经验丰富的学生干部担任总负责人,帮助辅导员

协调活动的整体实施。适当的时候,辅导员要对负责活动的学生干部提前进行培训,就活动开展的有关知识、技能,与他人交往的礼仪和方式等进行明确告知,保证负责人协助辅导员组织和实施活动。

在组织和准备活动时,辅导员尤其要注意四个问题:①对于一些针对问题的活动,辅导员要设计活动环节,给"问题"学生精心设计角色,达到潜移默化进行教育的效果;②在活动组织时,不要过度追求规模、形式,要贴合实际,要对学生有触动和教育。尤其是一些文艺晚会等活动,辅导员要做好审核,避免一些为了哗众取宠而低俗、恶搞的节目登上舞台,对学生产生负面影响;③要鼓励更多的学生参与到活动中,调动学生的积极性,同时能实现育人效果;④要提前调试设备,尤其是一些文艺演出、颁奖晚会等活动,要提前进行彩排,让参与人提前熟悉场地和设备,能保证活动的顺利进行。

4. 活动场地的布置和准备

活动场地准备是活动开展的重要保障。在选择活动场地时,要根据活动的内容选择室内还是室外,活动开始之前,要对活动场地进行精心布置。

首先,在室外举行的活动,要关注天气变化,恶劣的环境氛围对于活动来说可能是一场灾难。要提前做好应急预案,发生天气变化,如强风、降雨等情况时,应该转移至室内或者顺延活动时间,以免造成参与人员受寒或者受伤等情况,影响活动的效果。

其次,要做好会场设计和布置。在活动之前,要对活动现场以及嘉宾室等提前进行清理,保证活动环境干净、整洁、有序。在活动的色彩使用方面,有的活动严肃、正式,比如颁奖大会、校级或院级工作部署会等,会场要整洁、庄重,不要使用特别鲜艳的色彩装饰会场;有的活动比较活泼、轻松,比如文艺晚会、联谊会等,会场设置可以稍微鲜艳、活泼、美丽、大方。要精心设计会场上的背景、横幅等内容,突出活动的主题;要摆放上必要的物品和材料,如台签、电脑、话筒、主持稿、发言稿、直播架;讲座等还需要提前安排好观众的座次表等。

最后,可以适当播放音乐调节氛围。音乐具有调节气氛的作用,在举办活动时,可以适当在活动前、活动中、活动后播放音乐。但是,需要注意的是,音乐的旋律和节奏要跟活动主题和活动环节相契合,如颁奖环节,可以播放喜庆的音乐,不宜播放节奏缓慢、沉重的音乐等。

5. 活动实施的注意事项

活动实施是活动的关键部分,直接决定活动的成败。在具体实施阶段,应该注意以下几点:

首先,要提前布置路标指示牌,要提前安排引导人员、礼仪人员和安保人员。安排路标和指示牌、引导人员和礼仪人员,能够方便参与的人员及时达到活动现场;安排安保人员,维持现场秩序,避免人员拥挤或者无序出现混乱。

其次,要关注关键人员的精神状态。提前提醒会议主持人、发言人、总负责人等注意个人身体状况,保证不会在活动当天出现缺席情况,影响会议的效果。关键人员的选择上,辅导员要做好选择和把关。如活动总负责人的选择上,要安排心理素质强、能力突出、经验丰富的学生干部担任,这样在活动的安排和组织中不会出现顾此失彼的情况;主持人的选择,则要选择头脑灵活、文学功底比较深厚、性格活泼,能够调节现场气氛的学生担任。

最后,要有活动预案。在实施的过程中,每个环节都有可能出现偏离预期的情况,要充分考虑,提前预判,遇到问题就不会手忙脚乱。如主持人突然不舒服,可以安排替补主持人或者经验丰富的学生临时担纲主持人救场;颁奖环节,有获奖人员并未到场,就要安排其他人员上台代替领奖,不要空着;比如设备出现问题,负责设备的人员要第一时间进行修理或者使用替代的设备等。

6. 活动的总结

活动结束后,辅导员还要考虑后续的工作。包括:对会场进行清理,对物品进行重新归置和收回,要安排专门的小组负责会场的收尾工作;辅导

员要安排专人对会议材料进行整理和存档,作为重要的教育活动资料;辅导员还要安排专门负责宣传的人员,将活动的目的、意义和开展的过程及时宣传出去,有时需要跟媒体进行沟通和联系,使活动得到更好的宣传效果;辅导员还要组织学生进行活动的总结。

活动总结包括辅导员个人的反思。反思整个活动是否达到预期的活动目的和活动效果,反思活动组织过程存在的漏洞,下一次如果举办类似的活动应该如何弥补。反思还包括全体参与的学生对活动情况进行总结和评价,可以通过组织座谈会、交流会、个人谈话等方式,总结活动组织的经验和教学,发表关于活动的感想和心得,反思出现问题的原因等;反思还应该包括学生个人,学生个人对自己在活动中的表现做一个自我评价和总结。

附一

毕业典礼的活动方案

××学院××届学生毕业典礼方案

一、时间

20××年6月12日上午8点。

二、地点

××三楼报告厅。

三、参加人员

校领导、学院领导班子全体成员、辅导员、任课教师代表、全体毕业生、在校生代表等。

四、议程

条幅:××学院××届学生毕业典礼暨学位授予仪式(场内还可布置其他条幅营造氛围)(负责人:×××)

候场循环播放毕业歌曲(《栀子花开》《同桌的你》《睡在我上铺的兄弟》《我们的纪念册》《毕业生》《我的未来不是梦》等)、循环播放学校学院宣传视频、毕业生的素材PPT(大一到大四不同时间段,后面朗诵时可做背景)等。(负责人:×××)

议程:

第一环节

第一项:奏唱国歌。(加视频背景)(负责人:×××)

第二项:播放毕业视频。(负责人:×××)

第三项:党总支书记宣读××届省级、校级优秀毕业生名单和志愿服务西部计划学生名单等。(大屏幕同步显示名单,负责人:×××)

第四项:学院领导及嘉宾向省级(师范8个,非师9个)、校级(师范15个,非师17个)优秀毕业生颁发证书。(确认参加人员,与颁奖嘉宾对

应起来)(负责人:×××,确认参加人数,做好分组对应嘉宾名单,收集证书现场颁发)

第五项:联系学院领导代表学校党委书记宣读《致××届毕业生的一封信》。

第六项:院长致辞。

第七项:教师代表发言。

第八项:校友代表发言。

第八项:在校生代表发言。

第九项:毕业生代表发表毕业感言。

第十项:学生代表朗诵,大屏幕背景,大一到大四PPT对应呈现过往图片。(第一环节结束)(负责人:×××)

第二环节

第十一项:院领导、老师(7位老师们的导师服,负责人:×××)为全体毕业生颁发毕业证书、学位证书。(大屏背景:生命科学学院××届学生毕业典礼暨学位授予仪式。负责人:×××,提前确认各班人数,以班级为单位安排固定座位,7人一组,"上台、鞠躬、握手、拨穗、授证书、定格合影、走下"。注意细节:各组上下台的次序提前编好、礼仪递证书的位置一般是老师右后方,学生合影站的位置统一老师左侧,双证的皮28套循环发放,以红丝带缚之,安排礼仪下台的时候收起来)

第十二项:奏唱校歌。(负责人:×××)

毕业典礼结束(学生献花、自由合影)。根据到场领导老师人数,提前准备花束。(负责人:×××)

定格毕业典礼背景图片"祝××届毕业生:前程似锦,一路顺风!",循环播放歌曲。(负责人:×××)

备注:××传媒全程录拍,定格合影后期统一发给毕业生。

活动主持词

主持人:××老师(男)××学生(女)

画外音宣布:××大学××学院××届学生毕业典礼暨学位授予仪式即将开始。

开篇:(主屏)

师:感恩××大学,放飞人生梦想。

生:尊敬的各位领导、老师,

师:亲爱的同学们,

合:大家上午好!

师:又是一年花团锦簇的六月天,

生:又是一年桃李成熟的毕业季。

师:今天我们欢聚一堂,隆重举行××大学××学院××届学生毕业典礼暨学位授予仪式,出席典礼的领导有:

……

生:出席典礼的还有,辅导员、任课教师代表、全体毕业生、在校生代表等。让我们以最热烈的掌声欢迎他们的到来!

师:欢迎你们!

师:老师们、同学们!××大学××学院××届学生毕业典礼暨学位授予仪式正式开始,

请全体起立,奏唱国歌。

请坐下。

生:学在大学,奠基人生。四年的美好时光,我们刻苦钻研、开拓创新,提升学习能力、培育科技创新能力。

师:学在大学,奠基人生。四年的春华秋实,我们志愿奉献、实践服务,提升实践能力、培育社会责任感。

生:我们不忘初心、牢记校训,收获了累累硕果。

师:我们敢为人先,勇于担当,取得了骄人成绩。在今年的317名毕业生中,有119人考取硕士研究生,出现了两个考研满贯宿舍;两人考取大学生选调村主任;7人参与西部计划;2人拟推荐西部计划山东计划。请看大屏幕。(毕业视频)

师:下面请党总支副书记、副院长××宣读××届省级、校级优秀毕业生名单和志愿服务西部计划学生名单。(大屏幕同步显示名单)

生:请领导向省级(师范8个,非师9个)、校级(师范15个,非师17个)优秀毕业生代表颁发证书。

师:请党总支书记××代表学校党委书记××宣读《致××届毕业生的一封信》。

生:感谢×书记转达的深深祝福。我们的成长离不开学校的栽培,是××大学,是××学院给我们提供了生长的沃土,是每一位老师为我们构建了一座精神家园。

师:接下来让我们以热烈的掌声欢迎××学院院长××老师致辞。

生:感谢院长的殷切嘱托,我们必须奋力拼搏,不负众望。我们的成长离不开学校的栽培,更离不开老师的教育。离别之际,老师也有千言万语。

师:下面请教师代表××老师,为我们带来毕业赠言。

生:感谢××老师的鼓励!

我们全体毕业生一定发扬优良精神,在各自的工作岗位上踏实工作,敬业奉献,做出成绩,无愧于学校、老师的培育教诲。

师:今天我们还非常荣幸地邀请到我院杰出校友、××单位任职的××老师。他是……(校友简介)

下面让我们以热烈的掌声有请××老师发言。

生:接下来有请在校生代表××同学发言。

师:下面有请毕业生代表××同学发言。

生:谆谆学子心,浩瀚大学情。

××大学这所有爱的学校,给予了我们一生难忘的回忆,四年来的点点滴滴,如梦一般,相处了四年的人,生活了四年的地方,就在这一天,像微风吹过一般,再也回不来了。

师:下面有请学生代表带来的朗诵,《毕业》。

(撤掉主席台桌椅,领导换装)

师:时间过得真快,真的不想和大家说再见。此时此刻,我们的领导、老师、同学,还有很多很多的话要述说。请看大屏幕。

(播放师生寄语视频)

生:下面有请领导老师,为全体毕业生颁发毕业证书、学位证书。(大屏背景:××学院××届学生毕业典礼暨学位授予仪式)(颁发聘书同步播放音乐)

师:青涩不及当初,聚散不由你我;再见,培育我四年的校园;再见,我的大学。(屏幕:校歌歌词)

师:(音乐渐起)莘莘物华间,悠悠大学情。亲爱的同学们,离校在即,离别在即,请记住我们的大学、我们的母校,记住我们的老师、我们的同学!张爱玲说过一句话:在这个世界上总有一个人是等着你的,不管在什么时候,不管在什么地方,反正你知道,总有这么个人。那今天我要说,等着你的不是一个人,是一群人,是在座的每一位老师,我们在××大学、在××学院守候着你!(屏幕:祝××届同学们一路顺风、鹏程万里!)

生:请各位临行前,再仔细地打扫一遍宿舍,再看一看彩虹桥上的霓虹灯,拍一拍雄伟壮丽的南大门,再看一看波光粼粼的东湖水,听一听校园树梢上的喜鹊鸣。

学校的领导老师,在校的师弟师妹们祝你一路顺风!(唱歌开始,引导员引导领导们到学生中握手送别)

生:毕业季,祝福递;同窗情,记心底;前路广,愿顺利;好朋友,多联系!
愿母校蒸蒸日上,再创辉煌!

师:来到大学,希望你学有所成;离开大学,祝你展翅翱翔;遇见大学,愿你从此繁花,一路盛开!

　　××大学××届学生毕业典礼暨学位授予仪式到此结束！祝愿同学们不负韶华、前程似锦！

附二

科技创新竞赛的活动策划

××大学××年大学生生命科学竞赛(创新创业类)决赛活动策划

一、活动目的

二、活动时间

2022 年 4 月 10 日(周日)14:30

三、活动地点

创新组:××3 楼报告厅

创业组:××2 楼会议室

四、组织单位

主办:创新创业学院

承办:生命科学学院

五、相关说明

决赛形式为路演答辩,相关说明如下:

(一)各参赛团队需提前准备答辩 PPT、项目介绍视频(可选),并在抽签时提交纸质版作品报名表、申报书及相关支撑材料等四份材料。

(二)抽签决定路演答辩顺序,抽签时间为 4 月 9 日,具体时间将在管理员群里通知。

(三)路演答辩包含综合展示和现场答辩两部分。各参赛团队根据分组提前 30 分钟到达答辩现场,着装得体大方;答辩人员须为项目团队成员,一般为 2~3 人,项目负责人必须参与答辩。

六、答辩流程

1. 主持人开场白

介绍比赛规则。

2. 播放项目介绍视频(可选)

结合 PPT 进行项目介绍,请控制在三分钟以内。

3.结合 PPT 进行项目介绍

请注意把握时间,控制在三分钟以内。

4.评委问询

大约占三分钟。

5.主持人总结比赛,结束活动。

一、具体工作内容和职责:

分工

总体统筹:×××、×××

创新组:×××、×××

创业组:×××、×××

二、答辩项目情况:

经前期各单位积极动员、认真选拔推荐、择优推荐了36项作品进入校赛决赛,其中创新组22项,创业组14项。

具体名单见附件。

三、决赛议程

1.主持人开场

2.嘉宾介绍

创新组:创新创业学院院长×××

创业组:创新创业学院副院长×××、×××、×××

3.创新创业院长与副院长分别在两个会场讲话。

4.主持人宣布决赛规则,决赛开始。

5.答辩时间

答辩时间 3 分钟,需要安排服务人员,做好 30 秒结束提醒牌、答辩结束提醒牌,并进行提醒;决赛开始后,主持人只在台下报幕。

6.决赛设置等待区,安排即将答辩的负责人候场,注意节奏。

四、会场布置

1. 悬挂横幅、制作背景 PPT、制作台签

2. 按照周六抽签顺序给现场 4 位专家准备书面材料

包括：项目申报书、证明材料、打分表、网评标准。

说明：××负责打分表，××老师负责审核，4 月 7 日前完成电子版。

3. 调试设备

周四下午联系××准备相关设备；

周六模拟连线专家，没有问题后，联系线上评委进行专家设备调试。

4. 布置场地

创业组需要布置场地，创新组需要设置观众席，确定观众人数；确定项目负责人观看区；确定候场区。

五、选手安排

1. 联系项目负责人，确定抽签顺序。

2. 联系项目负责人，周日上午 9 点拷贝答辩 PPT，并熟悉场地和设备。

3. 决赛时提前点名，确保项目负责人按时到场。

六、评委、嘉宾服务

周四明确告知评委和嘉宾决赛时间和地点；周四将项目电子版发送给校外专家。

1. 嘉宾名单：×××、×××、×××

2. 创新组评委：×××、×××、×××

3. 创业组评委：×××、×××、×××

七、观众安排与秩序维护

做好观众安排，提醒观众间隔就座，期间维持观众秩序。

八、宣传报道

××老师、××同学负责

活动主持词

尊敬的各位嘉宾,各位评委老师,亲爱的同学们:

下午好!

点创新之火,绽生命荣光! 欢迎来到××大学生命科学竞赛创新类决赛的现场。我是今天

的主持人,来自生命科学学院的×××。

首先,请允许我介绍莅临本次比赛的嘉宾和评委,他们分别是××老师……让我们用热烈的掌声欢迎他们的到来!

全国大学生生命科学竞赛于2021年正式入选全国普通高校大学生竞赛排行榜,是全国大学生学科竞赛的顶级赛事。为了在全校营造科技创新的浓厚氛围,鼓励更多的大学生开展科学探索,参加科技创新实践活动,通过比赛培养创新意识,提升创新能力,涵养创新本领,我校组织开展大学生生命科学竞赛创新类校级选拔赛,本次比赛由××学院主办,生命科学学院承办,来自7个学院的22个项目将在这里现场展示风采。

在正式比赛前,让我们用热烈的掌声欢迎创新创业学院××领导上台致辞。

感谢××领导的鼓励、期待和美好祝愿。

下面我宣读比赛规则:

各小组成员结合PPT进行项目介绍,请注意把握时间,控制在3分钟之内;展示完后评委点评及提问,时间3分钟左右。创新类作品学术论文的评分标准为:申报材料规范性10分,选题的科学性10分,技术路线的合理性10分,结果的可信性25分,实验结论的学术意义15分,作品的创新性20分,作品的研究成果10分,总分100分。创新类作品科技发明的评分标准为:申报材料规范10分,科学性25分,先进性30分,现实意义35分,总分100分。

比赛规则宣读完毕,接下来比赛正式开始,进入答辩环节。

请第×组××上台展示,项目名称为××;请××组在候场区等待,请××组做好答辩准备。

各位评委、同学们,前 11 组的答辩已经完成,让我们稍事休息,十分钟后,后 11 组继续答辩。(音乐响起)

(所有项目答辩完后)请主评委××老师进行总结点评。

好,感谢陈院长的点评!让每一位选手都受益匪浅。

走进青春的梦想,走进科创的未来。全国大学生生命科学竞赛是一项高水准的国家级大学生赛事,旨在培养大学生的创新意识、团队精神和实践能力,拓宽科学视野,增强社会责任感,促进生命科学学科发展,提高人才培养质量。今天的比赛就要接近尾声了,最后让我们再次用热烈的掌声感谢莅临本次比赛的评委与嘉宾!下面我宣布××大学大学生生命科学竞赛创新类决赛到此结束,请大家有序离场!

第七章

关于职业规划和就业指导

　　大学生就业,关乎国家的发展、社会的稳定、人民的幸福安康。习近平总书记在党的十九大报告中明确指出:就业是最大的民生。指导大学生就业,是辅导员的重要工作内容之一。

　　能够成功就业,同经济社会发展形势、用人单位的用人理念、大学生自身的就业观念以及能力素质等综合因素都有密切关系。辅导员应该着重从转变大学生的就业观念,提升大学生的就业能力入手,帮助大学生实现及时就业以及高质量就业。

一、帮助学生认清就业形势

　　(1)就业人数逐年增多。近几年,高校逐年扩大招生规模,而且大量农村务农人员在城市求职就业,下岗再就业人数与日俱增,就业人数逐年上涨,进一步加剧了严峻的就业形势。目前,我国中高层次人才严重短缺,社会对高层次的复合型、外向型和开拓型人才需求迫切,人才结果的需求层次重心日趋上移。

　　(2)国内外经济形势对就业总体规模产生挤压效应。一是,世界经济呈现动能趋缓、分化明显、下行风险上升、规则调整加快的特点,风险和变数较多,经济增速趋缓势必影响就业。二是,我国深化供给侧结构性改革,以供给侧结构性改革为主线,推动经济发展质量变革、效率变革、动力变革,提高全要素生产率,市场预期和企业转型升级对就业形势产生较大影响。三是,用人单位在招聘的过程中存在不合理的情况。①部分用人单位在人才选择上盲目追求高学历,存在人才高消费的情况;②部分用人单位为了快速创造价值,拒绝聘用没有工作经验的应届毕业生;③部分用人单位存在暗箱操作等行为,严重影响就业竞争的公平性和诚信度。

(3)高校现有教育体制机制对就业有影响。高校现有教育体制机制,存在不适应市场需求的现象,同时,传统教育观念和教育体制在某一方面影响了学生的综合素质的提升。①高校在专业设置上缺乏充分调研、资源整合和反馈反思,存在一定的盲目性和趋同性,专业设置与市场需求联系不够紧密,甚至是脱节。②高校教育存在"重理论、轻实践"的现象,不符合现代经济发展所需要的复合型、实用型人才标准。③高校的就业指导服务体系滞后,未能给毕业生提供更系统、更科学、更有针对性的指导和服务,对大学生就业形成不利影响。

(4)高校的就业市场乃至劳动力市场存在就业信息不对称的问题。问题的原因主要在于:①高校大规模扩招使得拥有高学历的人才数量增多,而学历只是用人单位招聘条件的其中之一;②毕业生找工作时,对用人单位的政策和要求还缺乏足够和充分的了解;③毕业生和用人单位在需求和供给的信息传递上存在不平衡性。为了维护自身利益,毕业生会联系多家用人单位,用人单位也会向超出应招募人数更多的毕业生伸出橄榄枝。相比用人单位,在信息和资源方面,毕业生处于劣势。

(5)大学生的自身因素影响就业成败。①大学生的自身能力和综合素质不够。大学生的专业素质和综合素质与用人单位的要求还有一定差距,工作中存在理论与实践相脱节的现象。②大学生自身定位不合理。有些大学生对自身的优劣势认识不清,对自身能力没有形成正确评价,眼高手低,好高骛远,导致在就业时经常出现"高不成,低不就"的状况。就业市场上,出现毕业生普遍感觉"找不到合适的工作"、基层用人单位急需人才又招聘不到员工的现象,这充分反映出高校毕业生普遍存在自身定位过高、就业标准过高的情况。③部分大学生存在就业从众心理。部分大学生在择业时容易受群体影响,忽略自身特性,不顾自己的条件和实际情况,以他人的要求来要求自己,以他人的标准作为自己的择业标准。就业从众心理不仅不符合高校教育的目标,同时也会造成热门岗位竞争激烈。④部分大学生存在就业诚信问题。就业诚信是近年来影响大学生就业的一个重要因素。很多毕业生求职时弄虚作假,一方面导致用人单位对大学生不信任,另一方面影响大学毕业生的整体形象。

二、指导学生学习就业政策

促进高校毕业生的就业创业,既是民生,也是国计,事关广大群众的切身利益,事关社会和谐稳定,事关社会主义现代化建设,事关高等教育的健康发展。国家出台了一系列就业政策,把"稳就业"放在更加突出的位置,努力实现高校毕业生更高质量和更充分的就业。辅导员要指导学生认真学习相关的就业政策,帮助学生实现成功就业。

1. 国家实施了市场就业制度

为了充分发挥市场配置人才资源的基础性作用,自1995年,我国开始实行市场就业制度。市场就业制度是国家出让劳动者就业的承揽权,将劳动力纳入市场,使劳动力市场成为沟通劳动力供需双方的渠道;劳动力供需双方直接见面、双向选择,通过签订合同和协议维系双方关系;劳动者在国家法律许可的范围内,自己开创事业,国家创造宽松的经营环境,并给劳动者提供优惠政策。

2. 市场机制下职业流动的特点

在市场配置人力资源的基础作用下,职业流动日趋正常化,特点也逐渐明显,总体上表现为六个方面:

(1)与人力资本投入成反比。受教育和训练的时间长,人力资本投入高的劳动者,一般从事地位高、声望高、收入高的职业,流动的数量少、频率低;而以体力劳动为主的劳动者,因为人力资本投入低、适应工作能力差,流动的数量多、频率高。

（2）与年龄成反比。青年群体中职业流动的数量和频率远远超过中年和老年群体。

（3）区域性差别。一方面职业流动的方向为从不发达地区向发达地区；另一方面，不发达地区内职业流动较缓慢，发达地区内的职业流动频率远远高于不发达地区。

（4）现代社会职业流动与家庭背景的相关因素较少。现代社会开放、公正，以素质、能力为本位，个人的竞争能力是职业向上流动的资本。

（5）正常流动与非正常流动。在职业流动中，凡是促进劳动者全面发展、发挥专长，使其最大潜能得到施展的流动属正常流动；以某一方面的偏好或由于个别原因使劳动者从适合自己的岗位流动到不能发挥自己特长的岗位属非正常流动。

（6）自由与控制。在市场经济条件下，劳动就业契约关系的形成有利于职业流动，但契约双方应信守合同，解除契约也需符合规范。

3. 国家对人才市场进行宏观调控

在积极发挥市场对人才的基础性配置作用的同时，国家也在积极履行促进就业的责任，从宏观上对人才市场的运行进行调控，以利于人才的合理流动和正常流动，促进社会的和谐发展。国家实施一系列就业方针，实现就业导向，主要包括：①对按国家任务计划招收的学生，原则上仍由国家负责在一定范围内安排就业，实行"供需见面"和"双向选择"的办法，落实毕业生就业方案；②鼓励和引导毕业生到基层、到西部就业。国家规定，来源于边远省份和地区的高校毕业生只要是边远省区急需的，原则回生源地所在省份或地区就业；③依据目前国民经济和社会发展的需求，优先保证国防、军工、国有大中型企业、重点科研和教学单位的需要；④坚持男女平等的原则，用人单位对毕业生择业不得做出有性别歧视的规定；等等。

国家的宏观调控保证了人才市场的正常运行，为人才市场的成熟提供保障；同时也保证国家重大部门及重点工程建设对人才的需求，有利于人才向不发达地区、边远地区、基层岗位的流动,促进人才结构的合理调整和经济、文化、教育事业的发展。

4.劳动者自主择业

在市场经济条件下,劳动力是一种商品,同样,大学毕业生也是劳动力,就业时应该遵守市场规律、价值规律。学校教育能够培养学生的知识素养、给予技术训练,却不能保证成功就业,更不能给学生以好工作的无效承诺。作为受过大学教育的学生,要清楚地认识目前就业市场劳动力"供大于求"的事实,充分认识影响就业的相关因素,避免出现好高骛远、眼高手低、敬业精神缺失等情况,导致就业"高不成低不就"。

三、教育学生了解就业方式

当前,我国大学生就业实行的是"双向选择,自主择业"制度,大学生的就业方式趋向多元化和自主化。目前,我国大学生的就业方式主要有市场就业、报考研究生、出国留学、报考公务员、参加国家项目计划、参军入伍以及自主创业等。

1.市场就业

市场就业的就业渠道主要包括招聘会、网络求职、推荐就业等。

(1)招聘会一般是政府管辖的人才机构或者高校负责就业的部门组织举办。根据组织方不同,可分为综合性人才招聘会和校园招聘会。综合性人才招聘会由政府管辖的人才机构组织举办,地址选取一般在宽敞的会展中心或者广场等,参加这种招聘会的用人单位数量比较多,行业类型较为丰富,应聘人数也较多,大学生可以通过参加这种招聘会了解就业行情,丰富自身阅历。校园招聘会主要由高校负责就业的部门组织举办,是大学生最便捷、最有效的求职方式。校园招聘主要有三种方式:①专场招聘会。每年就业季,高校都会发布招聘会邀请函,邀请全国各地专业相关的用人单位在指定的时间和地点到学校,为毕业生和用人单位提供双向选择的机会。②校园宣讲会。宣讲会是在正式招聘之前,用人单位针对目标高校组织的宣传讲座,用人单位会安排企业高管、人力资源负责人以及高校校友现身说法,对单位的情况进行全面的介绍,引导和帮助毕业生全面了解企业。宣讲之前,用人单位会通过学校网站、海报等方式营造宣传氛围。③实习生招募。在毕业生正式求职之前,用人单位为初步挑选的毕业生提供实习岗位,表现突出的毕业生能获得优先聘用的机会。

(2)网络招聘是毕业生通过网络寻求就业机会的方式。毕业生可以提前准备好网上求职的个人材料,包括求职信、简历等相关证明材料,根据自己的求职目标,利用合适的招聘网站搜索心仪的就业岗位,向用人单位的投递个人简历等材料,进行网上求职。需要注意的是,毕业生要注意招聘网站是否正规,同时,要对招聘网站上的企业和招聘信息进行认真辨别。毕业生在准备求职材料时,一定要保证个人求职材料是真实的,杜绝弄虚作假,否则,容易产生纠纷,对自己的成功就业造成影响。

(3)推荐就业学校、熟人推荐以及个人自荐,也是市场就业的一种有效方式。高校负责就业的部门和相关老师会掌握大量用人单位和毕业生信息,他们可以向毕业生推荐用人单位,也可以向用人单位推荐毕业生。由于学校老师对学生比较了解,推荐时在行业、岗位等方面会更有匹配度,成功率比较高,但是,毕业生的选择余地比较小。熟人推荐也是一种有效的就业方式,毕业生利用自己的社会关系搜集就业信息进行求职,部分用人单位也愿意接受和聘用熟人推荐的毕业生。在没有社会关系介绍和推荐的情况下,毕业生也可以直接到拟应聘的公司登门拜访,进行个人自荐,努力寻找就业机会。

2. 报考研究生

目前,越来越多的毕业生报考了研究生,严峻的就业形势催生了"考研热"。数据显示,硕士研究生报名人数连年上涨,2020年为341万,2021年为377万,2022年达到437万。毕业生选择考研的主要原因是缓解就业压力、继续专业深造、调整本科专业、具有从众心理等。对于那些热爱本专业,有志于对本专业进行深造学习的毕业生来说,应该提倡和鼓励。但是,有一部分学生没有明确的就业目标和人生方向,为了逃避就业压力或者受其他学生的影响选择报考研究生,这就需要辅导员做好就业指导,帮助毕业生更好认识自我,尽早确定求职目标。

3. 出国留学

随着我国经济快速发展,经济实力增强,出国留学也成为毕业生的重要就业方式。出国留学有一定优势,主要包括:①国外教学模式更加灵活,国外研究生教育更注重独立研究的能力培养、更注重思维训练和创新能力培养,出国留学能够提升个人的科研创新能力;②国外研究生教育学制比较短、性价比较高。国外研究生教育一般为 1～2 年,课程学习安排紧凑,相比国内研究生教育,早就业有着一定的优势,这对一些毕业生来说有很大的吸引力,而且,在国外读研究生有机会获得丰厚的奖学金,费用远低于预期;③竞争力更有优势。国外研究生教育注重实践,会有大量参与实地考察和实际项目的机会,帮助毕业生提高竞争力,在就业时有竞争优势。因此,随着时代发展,出国留学也成为毕业生提升自身综合素质,提高教育经历的重要途径。

4. 报考公务员

由于公务员岗位薪资尚可、福利待遇高、工作稳定、社会地位高、劳动强度不大等优势,一直深受毕业生的欢迎。近年来,为了落实中央关于积极促进高校应届毕业生就业的要求,同时提升公务员尤其是基层公务员素质,很多岗位面向应届生开放,意在为应届生提供更多的机会。这里的公务员是指依法履行公职、纳入国家行政编制、由国家财政负担工资福利的工作人员。公务员按职位的性质、特点和管理需要,划分为综合管理类、专业技术类和行政执法类等类别。公务员按照考录职位可分为中央和地方两大序列,中央序列职位的考试即通称的"国考",地方序列职位的考试即通称的"省考"。

国家机关公务员考试时间基本是固定的,报名时间在每年 10 月中下旬,考试时间在 11 月下旬到 12 月初,面试时间在来年 2～3 月。具体报考时间可以关注国家公务员考试网（http://www.gjgwy.org/）公布的报考信息，同时也可以关注新闻媒体有关招录公务员的报道信息。各省的省考时间则大不相同，多数省份一年一次考试，还有个别省份一年两次考试。近年来，参加联考的省份越来越多，每年都有 20 余省份参加统一联考，一般联考公告的发布时间在 3 月份，考试时间集中在 4 月份。因各省时间不一致，毕业生应密切关注各省的招考公告，通过登录各省的人事考试网了解报考时间、人数、职位、考试类别、资格条件等信息。

选调生也是毕业生选择的一条就业途径。选调生是各省党委组织部门有计划地从高等院校选调品学兼优的应届大学本科及本科以上的毕业生到基层工作，作为党政领导干部后备人选和县级以上党政机关高素质工作人员人选并进行重点培养的群体。选调生属于公务员系统，但是同普通公务员相比，在报名条件、培养目标、选拔程序、培养管理措施、人事权归属、服务年限等方面有着明显的区别，毕业生应该充分了解基本政策和要求，结合自身条件，慎重选择适合自己的职位。

5. 事业单位招考

事业单位是国家设置的带有一定公益性质的机构，一般情况下事业单位主要是从事医学、教育和文化等方面工作的。同公务员岗位一样，事业单位相关工作也具有待遇高、福利好、工作稳、地位高、强度小等优势，所以深受毕业生的青睐。事业单位的招考公告一般情况下发布在省、地级市的人事厅局所属的人事考试中心的网站上。

6. 国家项目计划

大学生还可以通过参加国家项目计划寻找就业机会。国家项目计划主要包括大学生村干部选聘、"三支一扶"计划以及大学生志愿服务西部计划等。

大学生村干部选聘是指选拔毕业生到农村担任村党支部书记助理、村主任助理或其他职务的项目。大学生村干部选聘党的是十七大以来党中央做出的一项重大战略决策，主要目的是培养一大批社会主义新农村建设骨干人才、党政干部队伍后备人才、各行各业优秀人才。

"三支一扶",是指大学生在毕业后到农村基层从事支农、文教、文医和扶贫工作。计划的政策依据是国家人事部2006年颁布的第16号文件《关于组织开展高校毕业生到农村基层从事文教、支农、支医和扶贫工作的通知》。

大学生志愿服务西部计划(简称西部计划),是团中央、教育部、财政部、人力资源和社会保障部根据国务院常务会议、《国务院办公厅关于做好2003年普通高等学校毕业生就业工作通知》和2003年全国高校毕业生就业工作会议精神的要求而联合实施的,是国家重大人才工程"高校毕业生基层培养计划"的子项目,是引导和鼓励高校毕业生到基层工作的5个专项之一。西部计划从2003年开始实施,按照公开招募、自愿报名、组织选拔、集中派遣的方式,每年招募一定数量的普通高等学校应届毕业生或在读研究生,到西部基层开展为期1~3年的志愿服务工作并鼓励志愿者服务期满后扎根当地就业创业。西部计划按照服务内容分为基础教育、服务三农、医疗卫生、基层青年工作、基层社会管理、服务新疆、服务西藏7个专项。

四、帮助学生提升职业素养

职业素养是职业内在的规范和要求,表现为从事职业的综合品质,包含人格、能力和知识等核心要素,职业素养对于大学生成功就业和职业发展具有重大意义,在进行就业指导时,辅导员要努力帮助学生提升职业素养。

1. 帮助大学生加强职业规划

清华大学的一项调查显示,我国约2/3的大学生对未来没有规划,就业时容易产生压力。中国社会调查所的研究显示,75%的学生感到压力,压力的主要来源是就业,只有约8%的大学生对未来有明确的目标并充满信心。职业规划是提升职业素养的前提和基础,通过职业生涯规划课、就业指导课等,辅导员要帮助大学生探索自我、探索职业世界,帮助大学生科学规划人生。

2.充分利用第一课堂学习

鼓励大学生加强第一课堂学习,在教师的课程教学中深刻理解教师的专业知识与人格榜样,有意识地培育自己的服务意识、团队意识和责任意识,将第一课堂作为个人知识拓展、能力提高、素质提升、素养培育的重要方式。

3.积极参加各类竞赛

学科竞赛是大学生将理论知识向实践转化最便捷有效的中介,参与各类学科竞赛对于知识的学习具有重要作用。比如全国性的"全国大学生数学建模竞赛""CCTV杯全国演讲大赛",它不仅考验专业上的能力,也是提高各种基本能力的极好机会。有的竞赛需要以团队的形式参赛,参赛过程中不仅锻炼了专业知识,也锻炼了团队意识、交流沟通能力。无论是学校层面、院系层面还是各级各类学生组织开展的竞赛活动,比如征文、书画、演讲、辩论、朗诵、唱歌等文艺类比赛,体育类竞赛,专业性比赛,对于大学生的锻炼都是全方位的,是个人成长不可多得的机会。

4.鼓励加入学生组织

学生组织尤其是学生社团,是大学校园生活里独特又亮丽的风景线。一个学生组织的结构,上有负责人,下有干事,有周期计划,有活动的对象,正像一个简单的企业。因此,学生组织其实也是社会结构的一个缩影,参加学生组织,对于大学生非专业技能的提升具有重要作用。比如通过学生组织可以培养大学生的大局观念、协同意识,增强相互尊重、彼此包容、沟通表达、诚实守信、创新创造等各方面的素质和能力。

5.积极参加实践活动

实践活动,主要包括实习实训、社会实践与公益活动,是校园教育教学活动在空间上的拓展。社会化贯穿于人的整个生命历程,是每个人必须面对和经历的。大学生社会化的成功与否,直接关系到他们的成长成才与健康发展,甚至关系到他们一生的命运。实习实训、社会实践、公益活动,是大学生成长成才的重要途径,是培养学生的社会责任感及吃苦耐劳的精神、提高大学生职业素养的有效载体。

五、指导学生搜集就业信息

就业信息是大学生求职的前提,获取的信息越多,择业的视野就越宽阔,辅导员应该鼓励大学生积极主动搜集就业信息。大学生获得就业信息的途径主要有:

(1)通过学校负责就业的主管部门获取信息。学校发布的就业信息一般经过主管就业的教师审核和把关,较为可靠、准确、具体,是大学生获取就业信息最便捷、最主要、最有效的渠道。学校一般会通过就业网站、二级学院负责就业的教师直接转发、海报等方式发布就业信息。

(2)通过各级毕业生就业主管部门、人才服务机构及其组织的有关活动获取信息。各级毕业生就业主管部门和人才服务机构,是沟通用人单位和大中专毕业生的桥梁和纽带,毕业生可以参加这些机构组织的招聘会、人才交流会等,获取就业信息。

(3)通过各级政府主管部门和就业指导机构搜集获取就业信息。这些主管部门包括教育部、省教育厅、人事厅及各市的教育局、人事局。这些部门和就业机构的职能包括制定辖区毕业生就业政策,提供高校毕业生和用人单位的信息,为毕业生就业提供咨询与服务。

(4)通过实习、社会实践、社会交往等获取就业信息。毕业生通过参加实习、见习以及社会实践活动,深入用人单位,去了解用人单位的整体情况以及用人需求,为自己的择业搜集关键信息,同时,实习、见习和社会实践活动也让用人单位对自己有一定的了解,在就职应聘时具有优势。

(5)通过网络、报刊、广播、电视等获取就业信息。随着互联网技术的推进,互联网的应用越来越广泛,不少用人单位会通过网络发布招聘信息,毕业生通过使用百度、谷歌、搜狗等强大的搜索引擎,可以获得就业信息,需要特别注意的是,要对这种就业信息进行谨慎辨别。

(6)通过家长、亲戚、朋友、老师、同学等渠道获取就业信息。熟人推荐具有信息更加准确、可靠的特点,毕业生可以获得用人单位更具体、更详细的信息,有利于双方有效沟通,不少毕业生就是通过亲戚、同学、朋友介绍和推荐获得了工作,所以在毕业季多向熟人请教和沟通也是一种非常重要的获得就业信息的方法。

(7)通过校友获取就业信息。校友尤其是本专业毕业的校友,工作单位一般同毕业生的专业对口,而且校友已经有了一定的工作时间和工作经验,对用人单位以及就业行业的情况更加了解。大部分校友都对母校有深厚的感情,熟悉学校的相关情况,当其所在单位招聘时,校友们也会将母校毕业生作为优先招聘的人选。校友提供的就业信息最大的特点是比较适合本校毕业生,尤其是同专业的毕业生。

在获取就业信息时,需要毕业生格外注意的是,要对就业信息的真实性和有效性进行仔细甄别。毕业生可以使用以下方式分析判断就业信息是否真实、可靠、有效。

一是根据就业信息的来源渠道判断就业信息的真实性。一般来说,经劳动部门、工商部门等批准的职介机构发布的就业信息较为真实和可靠。各级人才市场及招聘会正式展位的就业信息也相对可靠。

二是利用互联网搜索用人单位相关信息判断就业信息是否真实。如使用全国组织机构统一社会信用代码数据服务中心(http://www.cods.org.cn)、全国社会组织查询(http://www.chinanpo.gov.cn)以及国家企业信用信息公示系统(http://www.gsxt.gov.cn)等官方网站核查招聘单位的信息,如果在网络上出现该用人单位的负面评价,毕业生要格外留心。

三是根据常识和经验进行甄别。如果发现就业信息内容在表述上存在前后矛盾的现象,或者违背常识和常理,这类就业信息的可靠性就值得怀疑,在求职应聘时需要格外谨慎。

六、教授学生精心制作简历

简历是非常关键的求职材料,简历的好坏时常会直接决定毕业生是否有面试的机会,辅导员要指导学生精心制作自己的简历,通过简历充分展示自己的优势。

撰写简历时,目标要明确,这样更容易让用人单位了解求职意图和目标;要简洁明了,让招聘者通过简历就能对应聘者的情况一目了然;用事例论证,在简历中阐释的能力和水平要有事实材料支撑;要实事求是,简历要反映应聘者的真实情况,千万不要作假,影响应聘者的诚信以及职场口碑。

简历的篇幅最好控制在一页以内,突出重点,展示优势,这样容易给招聘者留下求职者思维清晰、做事干练的好印象。如果自己的经历非常突出,一页简历难以概括全部内容,也要把最能体现个人优势的信息放在第一页,如果简历还有第二页,第二页的有效信息至少要充满页面的三分之二以上,避免第二页只有 2~3 行的情况。简历的篇幅虽然最好安排一页,但是,一定不要把简历设计得密密麻麻,简历的内容并不是越多越好,适当留白,反而能让简历清晰、美观、大方,留下良好的第一印象。此外,简历的字体要参照公文写作的格式,避免多种字体,少用斜线和下划线,标题和正文最好有所区分。

简历的内容应该包括姓名、照片、性别、出生年月、毕业时间、政治面貌、籍贯、民族、联系地址、联系电话、联系邮箱等个人基本信息,求职意向、教育经历和教育背景、工作和实习经历、在校期间担任学生干部经历、获奖情况、兴趣爱好以及同求职岗位相匹配的相关知识和技能介绍等。

在制作简历时,有的毕业生不够认真和细致,时常犯些错误,影响用人单位对自己的印象,主要表现为:

(1)个人重要信息遗漏和出错,比如联系方式里手机号、邮箱信息错误等。这就需要毕业生在撰写完简历后,一定要仔细检查,尤其是个人信息中的联系方式信息。

（2）个人照片没有使用正式的证件照，为了方便、省钱使用了大头贴或其他各种怪异的自拍照、生活照、艺术照。

（3）求职意向不是阐明个人的求职意愿，而是对用人单位提出各类条件，影响求职。

（4）篇幅过长，内容不够简练。

（5）文字功底差，对自己的经历、优势描述不清晰，不准确。

（6）内容不符合个人实际，空话、套话过多，复制拷贝他人简历材料的痕迹明显。

（7）简历的排版较随意、不美观，给招聘者留下不用心、审美差的不良印象，影响求职。

这些错误，要提醒学生尽量避免。

七、指导学生掌握面试技巧

面试是用人单位考察应聘者的素质、知识、能力、经验以及求职动机等的重要方式。面试有一定的技巧，辅导员要指导学生做好充分的面试准备，掌握正确的面试礼仪。

辅导员要指导学生，做好面试的相关准备。一是准备好面试的自荐材料，包括个人简历，同时要将个人简历上的相关内容记牢，要突出重点，展示优势，面对问题才能得心应手；二是准备好应聘单位信息。要通过招聘信息、公司网站等了解用人单位，对应聘单位的名称、应聘的职位、单位的性质、发展的情况、单位的文化等做到心中有数；三是做好心理准备，要树立正确的面试心态，正确分析自我，提高心理承受能力。同时，可以通过模拟面试的方式，有效提升面试中的表现和成绩。

辅导员要指导学生，掌握面试的基本礼仪，要教授给学生基本的面试仪表礼仪、行为礼仪以及通信礼仪等，让学生给面试官留下良好印象，提高面试成功率。

第八章

对思想政治教育的认识

一、高校共青团"第二课堂成绩单"制度的运行现状与对策

第二课堂是第一课堂的有效补充与延伸,有助于将"立德"与"树人"两大教育任务紧密结合,夯实实践育人工作的基石,凝聚学校各部门的教育合力,是培养全面发展的高素质人才的重要平台。2018年7月,共青团中央、教育部联合印发《关于在高校实施共青团"第二课堂成绩单"制度的意见》(以下简称《意见》),明确指出共青团"第二课堂成绩单"制度是充分借鉴第一课堂教学育人机理和工作体系,整体设计高校共青团工作内容、项目供给、评价机制和运行模式,实现共青团组织实施的思想政治引领、素质拓展提升、社会实践锻炼、志愿服务公益和自我管理服务等第二课堂活动的科学化、系统化、制度化、规范化,实现高校学生参与共青团第二课堂可记录、可评价、可测量、可呈现的一整套工作体系和工作制度。实施共青团"第二课堂成绩单"制度是落实习近平总书记提出的"要重视和加强第二课堂建设"的重要要求,推动高校思想政治工作改革创新,创新中国特色社会主义教育制度的积极举措;是适应高等教育综合改革,全面落实立德树人根本任务,全面实施素质教育的必然要求;是深化高校共青团改革,强化共青团育人职能,强化共青团组织建设的关键路径;是完善学生发展服务体系,促进学生素质素养提升,促进学生就业创业的迫切需要。

1.实施"第二课堂成绩单"制度具有重要意义

中共中央、国务院出台的《关于加强和改进新形势下高校思想政治工作的意见》提出,要坚持全员全过程全方位育人,要求高等学校要把立德树人作为根本任务,把思想价值引领贯穿教育教学全过程和各环节。第二课堂是高校人才培养的重要载体,是第一课堂教学的补充和延伸。因为第二课堂具有活动主体自主性、内容广泛性和形式多样性、参与实践性等特点,第二课堂成为高校培养德智体美劳全面发展时代新人的重要载体,在高校育人过程中有着无可替代的地位,对学生的个人成长和发展作用巨大。

高校实施"第二课堂成绩单"制度是深化高校共青团改革的重要举措,符合高校共青团改革的现实需求,是新时代高校共青团工作向规范化、课程化、制度化方向迈进的重要路径。实施"第二课堂成绩单"制度有利于强化共青团育人功能,促进共青团组织建设,有利于服务青年学生更好地成长成才,促进学生全面发展和创业就业。2022年8月,共青团中央书记处书记傅振邦强调:"学校共青团要以第二课堂成绩单制度建设为牛鼻子,扎实有效推进共青团各项工作的健康发展。"《意见》明确指出,要构建记录评价体系,突出客观性、写实性、价值性、简便性,灵活采用记录式、学分式、综合式等评价方法,对学生参加第二课堂情况进行描述性评价,形成科学的评价记录。可见,实施"第二课程成绩单"制度,有利于全面实施素质教育和落实高校立德树人根本任务,顺应高等学校应用型人才培养综合改革趋势。

(1)"第二课堂成绩单"制度引导学生规范参与第二课堂活动。"第二课堂成绩单"制度的制定和实施改变了以往第二课堂活动无体系、随意性大的特点。通过加强制度化建设完善第二课堂的管理体制,推动了"第二课堂成绩单"制度的规范化和科学化实施。"第二课堂成绩单"可以清楚地记录学生在校四年间的兴趣、特长以及综合素质成长、进步的情况,使学生在学习成长过程中前期有计划、中期有指导、后期有评估,帮助学生准确了解自身的优势和不足,合理地调整学习计划,实现综合素质的全面发展。

（2）"第二课堂成绩单"制度能够全面提升学生能力。第二课堂凭借其丰富的内容和多样性的形式,为学生提供了更具有情境性和生动性的学习环境和氛围,有利于充分调动学生的好奇心和学习兴趣,帮助其灵活转变思维,进而更好地投入学习之中。同学们通过参与不同类型的活动,实现思想政治引领,素质拓展得到提升,充分锻炼了社会实践能力、志愿服务公益和自我管理服务能力。培养了学生与人相处、与人合作的能力,这对于提高学生综合素质、引导学生适应社会、促进学生成才就业,具有特别重要的意义。

（3）"第二课堂成绩单"让学生的校园生活更加丰富充实。第二课堂活动包括思想成长、实践实习、志愿公益、创新创业、文体活动、工作履历、技能特长七种类型,给学生提供锻炼和参与的涵盖面大、选择性强。第二课堂的活动充实了学生的校园生活,除了第一课堂,学生拥有适量的业余时间,通过第二课堂可以让学生适当调解和中和紧张的学习生活,满足了学生课外活动需要。通过大量的实践性活动,也可以促使学生将理论知识和实践技能密切结合起来。

2. 实施"第二课堂成绩单"制度存在问题

（1）活动参与过程中存在"虎头蛇尾"现象。精品活动不够,出现学生"抢活动"的情况,而一些学生参与后对活动缺乏重视,存在应付的情况。这种现象在新生中发生比较多,许多新生反应活动人数较少,抢不到名额,使得许多同学减少了参与活动的积极性。而一部分得到活动名额的同学却不珍惜,以"没空"等无理理由进行活动请假,使得名额作废,而真正想好好参与活动的同学却没有机会。

（2）对"第二课堂成绩单"制度育人功能理解不够。部分同学把参与活动当作任务一样完成,考虑的仅仅是积分多少,没有意识到参与活动对他们自身素质能力带来的影响和帮助,尤其一些讲座活动,虽然学生积极进行报名,但是某些学生抢到名额就感觉万事大吉,在参与活动中不认真听讲、敷衍了事,使活动失去原本意义。

(3)活动完结后的课程项目综合评分没有利用起来。课程项目综合评价得分由课程项目的选修者根据课程内容、课程效果等方面综合评定,在一定程度上反映了课程项目的效果。课程项目综合评价得分是确保活动质量的有效反馈、积极引导的最有效途径,每位学生用户都应该利用评分监督活动举办质量。活动负责人应及时为活动客观评分,利用活动评分进行自我反思,发现本次活动的问题并想出解决办法,在下次活动中避免类似问题,从而取得更好的活动效果。但是,目前来看,课程项目综合评价得分的这一功能并未很好利用,缺少反思、反馈,不利于活动的提升,不利于学生参与积极性的提高。

3."第二课堂成绩单"制度优化建议

(1)统一认识,提高制度认知度和认可度。要充分认识"第二课堂成绩单"制度在"三全育人"综合改革格局下的重要作用,通过定期的制度宣讲、院校间的交流学习,统一师生对该制度的认识,扩大受众,提高他们的认知度和认可度,营造浓厚的舆论氛围。

(2)找准第一课堂和第二课堂的契合点。第二课堂是对第一课堂的重要补充,作为高等院校人才培养系统中两个强有力且互补性的组成部分,两大课堂围绕育人进行统合可以更好地实现人才培养目标,第二课堂不是孤立存在的,而是学生知识向能力转化不可或缺的一个环节,找准第一课堂和第二课堂的契合点,可以相辅相成、相互促进。从课堂教学中释放时间和空间给第二课堂活动,积极掌握好高校育人过程中第一课堂和第二课堂相互作用的关键点,将第一课堂知识的传授方式与第二课堂项目体系内容设计有机结合起来。

(3)深挖制度内涵,打造精品第二课堂课程体系。在"三全育人"大背景下,应将第二课堂纳入科学育人体系,加大第二课堂科研力度,深挖制度内涵。要科学规划第二课堂课程体系,实现第一、第二课堂的均衡发展。一方面,要保留原有高品质、有代表性的第二课堂课程;另一方面,要结合专业、学生特点,进行实践创新,开发有内涵、有思想、有趣味、有深度的第二课堂课程体系,实现课程供给侧改革,打造第二课堂金牌课程、精品课程、特色课程,用优质的课程体系形成第二课堂发展内动力。

第二课堂是第一课堂的有机补充,是学校人才培养的重要组成,推进第二课堂与第一课堂互动互补、互相促进,服务学校立德树人中心工作,为学生在校期间打造一份课业成绩之外的"第二课堂成绩单",形成每位同学在校期间的"足迹"记录。这一制度为学校人才培养评估、学生综合素质评价、单位选人用人提供了重要依据。

二、新媒体时代艺术类大学生的思想政治教育

近十年,网络的发展日新月异,推动社会由传统媒体时代进入以网络为平台,数字化传播为基础,新媒体技术为支撑的新媒体时代。大学生思想政治教育无可避免地受到前所未有的机遇与挑战。学校教育与管理者,只有牢牢把握新媒体时代的特点,才能有的放矢地做好新媒体时代艺术类大学生的思想政治教育工作。

1. 新媒体时代的特点

新媒体时代是一个"互动式数字化复合媒体"时代,从信息技术的革命,媒介传播的多元化,到网络博客的逐步盛行,已经或正在颠覆着现实生活中人类的思想观念、价值标准和生活方式,新媒体时代的特点主要表现为:

(1)技术上具有开放性和平等性。依托快速发展的网络技术,新媒体时代一方面打破了传统媒体时代空间上的封闭,另一方面打破传统媒体时代的身份界限,利用博客、MSN、BBS、手机网络等新媒体,每个人都可以成为信息的获得者、传播者、发布者,可以自主地同他人进行在线交流,从"新闻消费者"转变为"新闻生产者",达到在任何时间、任何地点进行平等交流。

(2)交流上具有双向性和互动性。随着博客、MSN、BBS、电子邮件、手

机网络等的广泛应用,新媒体时代颠覆了传统媒体时代信息传播和接受中的单向性和被动性,实现全面的双向交流和适时互动。这是因为信息获得者可以自己控制何时以何种方式在网络上获得何种信息,而信息提供者可以及时接收信息获得者的反馈。这种适时的双向和互动使得个人的主体性大大加强,极大地解放了人们的创造力,也为新信息和新知识提供了宏大的生产群体和广泛空间。

(3)信息传播具有即时性和广泛性。依靠新媒体技术,新媒体时代信息制作与传播的速度更加快捷。新媒体传播只需要输入信息,就可以直接将信息传播出去,不需要太多的中间环节。对于时效性较高的突发事件,完全可以在事件发生的时候立即通过网络将信息传播出去。此外,网络对于信息的更新也非常方便。信息传播具有较好的即时性。而且受众不受时间、地点、场所的限制,可以随时通过新媒体在电子信息覆盖的地方接收地球上任何一个角落的信息,使得信息传播具有较好的广泛性。

(4)思想建构具有独立性和自由性。新媒体时代,虽然个体交流互动更加活跃,虽然信息传播快捷广泛,是"所有人面对所有人"的时代,然而从本质上看,开放程度是以个体的自愿为前提。这一特征决定了个体的思想建构依然保持独立性和交互的自由性,也正因为思想建构的独立性和自由性,使得在新媒体时代建立个体思想的公信力和道德责任意识成为可能,从而实现在新媒体时代正确引导个体交往。

2.新媒体时代艺术类大学生的特点

艺术类大学生同其他院系学生相比,有着鲜明的特点。

(1)思想活跃,富有创造性,个性鲜明,自我意识突出。艺术类大学生长期接触艺术,感受艺术之美,领略艺术作品中丰沛的情感,使他们具有强烈的同理心,情感丰富,思维活跃,爱憎分明,思想和行为颇具理想主义和浪漫主义色彩。但有时考虑问题易忽视现实基础,遇事容易冲动,对外界刺激较敏感,情绪易受环境干扰和影响。思想比较偏激,考虑问题不够全面,思考问题深度不够,不能够辩证认识和看待问题,缺乏政治辨识度和敏感度。日常生活中表现为标新立异,敢想、敢说、敢做,易感情用事而不顾及后果。专业学习方面,同其他专业相比,艺术类的专业设置、教学模式、教学环境、教学方法等方面更重视个体和个性,使得艺术类大学生个性鲜明,不盲从,不随大流,具有较强独立思考能力和创新意识。但这种专业学习模式也容易导致他们养成我行我素、自我中心的思维习惯和行为方式,集体观念、团队意识相对淡漠,纪律观念、自我约束能力差,做事散漫、随意,不服别人管理也不善于管理别人。

(2)专业情节浓厚,重视专业学习,文化基础薄弱。艺术类学生的高考录取分数包括文化课成绩和艺术专业成绩两部分。除了进行文化课的学习,艺术类学生要花费大量的时间进行专业技能学习和实践,势必影响文化课成绩,造成艺术类学生文化基础薄弱;另外,有的艺术类学生从小学或从中学起就开始练习专业,参加各种比赛,获得各种荣誉,对专业有着深厚的感情,甚至痴迷专业,将专业当做自己的兴趣和寄托,在专业中会花费更多的时间和精力,减少了文化课的学习时间,文化课成绩较差;此外,也有相当一部分文化课成绩较差的学生将艺术当做自己通过高考的一条捷径,高中改攻艺术,强化学习,从而进入大学。文化知识的欠缺,专业学习时间的倾斜,文化课学习的忽视,造成艺术类大学生进入大学后文化基础薄弱的局面,表现为人文知识面窄,思辨性不强,组织文字能力较差,文化素养欠缺。

(3)参加校内外社会实践机会较多,易受负面影响。由于社会对艺术专业有着较大的需求,凭借专业的优势,艺术类大学生有更多的机会参加校内校外的社会实践活动,接触社会较早。很多艺术类学生在高考前就远离父母参加考前辅导班,高考时到各地高校参加专业考试,代表学校参加各种演出和比赛,独立生活能力较强。由于接触到社会上的不良信息,本身又缺乏辨识能力,艺术类大学生很容易受到社会不良风气的影响。

(4)自我了解不足,自我评估不够全面、客观。艺术类学生更多地沉溺于自己的专业方向和艺术领域,对时政要闻、国内形势等关注度不高,容易出现眼高手低的状况。由于专业优势,艺术类大学生有更多的机会参加校内外各种演出,更容易获得多方赞誉和荣誉,很容易陷入自我欣赏、自我陶醉的怪圈,无法从客观现实分析和评价自己,变得自负和过度自尊。表现在学习和求职中好高骛远、眼高手低,期望值偏高,在现实中屡屡碰壁。由于缺乏足够的理性和心理准备,面对挫折,也很难顺利进行自我调适和目标调整。

3.新媒体时代艺术类大学生思想政治教育的挑战

毫无疑问,通过使用新媒体,学生可以及时全面了解国际国内形势,可以拥有更多平等交流的机会,缩短与外界接触的距离,但是,新媒体也给艺术类大学生思想政治教育工作带来了挑战。

(1)新媒体对思想政治教育者提出挑战。其一,如何使用新媒体。在新媒体环境下,艺术类大学生是新媒体的热衷使用者,他们思维活跃,追求时尚和流行,对新媒体技术保持好奇和兴趣,运用熟练。和学生相比,教育者往往处于信息占有的劣势地位,甚至出现运用新媒体的意识淡漠或掌握新媒体技术能力不够等方面的弱点。如腾讯公司新推出的QQ、微信、微博、飞信、手机网游等往往先在学生中流行起来以后,教育者才慢慢了解。其二,如何适应并运用新媒体语境下话语的表达方式。新媒体语境下,艺术类大学生们对网络话语比较敏感和喜爱,熟知并频繁使用网络语言,如"亲""萝莉""高富帅""白富美""神马都是浮云"。教育者如果不熟知网络用语表达方式,同大学生沟通就会不知所云,出现交流障碍。其三,如何应对新媒体带来的话语"霸权"的瓦解。新媒体时代对于知识边界的消解,打破了教育者对知识的垄断。新媒体所具有的开放性在一定程度上使得文化的传递呈现一种多元趋势。这种趋势既给予学生发表言论的机会,显现平等性,也瓦解了教育者的话语"霸权"。其四,如何满足新媒体对传统思想政治教育方式和途径提出的新要求。艺术类大学生逐日和新媒体相伴,手机浏览新闻、更新个人空间、登录网络学堂、关注亲友网络动态以及同好友保持联络已经成为大学生的日常生活方式。传统的思想政治教育主要依托两课、辅导员与学生面对面沟通以及党校和团校的实践活动。课堂教学手段单一、互动性不强、课堂气氛沉闷,学生积极性和主动性不高。同新媒体活动的多元、开放、自主、自由相比,新媒体活动更能满足他们的心理、娱乐需求,从而造成传统思想政治教育方式同大学生日益疏离。

（2）新媒体对艺术类大学生的思想观念形成较大冲击。新媒体时代,信息传播即时、广泛,新闻发布越来越简单、快捷,深度报道越来越少,由于艺术类大学生本身缺乏敏锐的政治辨识度,因此极易在接受信息的同时先入为主地接受媒体观点;新媒体技术的开放性和平等性,容许每个人都可以成为信息的传播者和发布者,各种现象、观点、思潮在网络上激烈碰撞,加之艺术类大学生相对有较多的社会实践,容易受社会不良风气影响,不利于形成正确的世界观、人生观和价值观;艺术类大学生本身纪律观念淡薄,缺乏自我约束能力,面对注重感官刺激的网络游戏、香艳小说、花边娱乐新闻,更容易深陷其中难以自拔,荒废学业;网络提供给学生的虚拟空间,使得学生在发泄个人情绪时无所顾忌,利用网络造谣、诋毁,甚至利用网络从事违法乱纪活动,造成恶劣影响。新媒体信息传播的快捷使得不良信息也以更快的速度和更大的范围影响到青年学生。总而言之,艺术类大学生的思想比较单纯,世界观、人生观、价值观正在形成阶段,政治辨识度低、人文素养欠缺,容易被手机网络、互联网络上良莠不齐的信息所影响,思想观念形成较大波动起伏。

4.新媒体时代艺术类大学生思想政治教育的应对策略

（1）充分认识和研究新媒体时代的特点,转变思想观念,以积极的姿态应对新媒体带来的挑战。思想政治教育者应该充分认清形势,把握新媒体时代的特点,意识到新媒体时代的到来带来的巨大影响,以理性的思考和积极的姿态应对挑战。应该转变思想观念,积极学习新媒体知识,掌握新媒体技术,针对艺术类大学生的性格特点,利用各种新媒体手段对学生加以正确引导,要注意教育模式应由"封"与"堵"的被动参与模式转变为"疏"与"导"的主动参与模式,由"居高临下"的灌输转变为同他们进行平等的交流与互动。

（2）占领传统媒体，熟练运用新媒体，实现传统媒体与新媒体的双向互动和配合。传统媒体具有规范性强、公信力强、导向鲜明、易于把握的特点，思想政治教育工作者要主动占领传统媒体，充分利用信息栏、宣传牌、报纸、广播、电视等传统媒体弘扬主旋律，正面引导校园舆论。高度关注新媒体，熟练运用新媒体开展思想政治教育的主动权。当新媒体上的信息传播和舆情引导出现偏差时，思想政治教育者要运用新媒体亲自担当或积极培养"舆论领袖"，正面引导，及时跟进，制造正面舆论的声势，扩大正面舆论的声音，从而积极有效地引导舆论走向。

（3）适应并构建新媒体语境下的话语体系。一些艺术类大学生热衷网络词汇，频繁使用网络语言，作为思想政治教育者，不能因为网络话语和手机短信等语言不够规范和严肃就对之采取批评或漠视的态度，更不能拒绝与使用这种语言的学生沟通。相反，作为艺术类大学生的教育管理者，应该接受学生使用的网络语言，重视这些语言与大学生学习生活的相关性，在与学生沟通交流的过程中对大学生进行引导，包括对语言正确使用的引导、正确观点观念的引导。只有这样，学生才愿意交流和接受，实现有效沟通，才能让学生关注教育、接受教育。

（4）推陈出新，改革传统思想政治教育模式，加强主渠道教育。作为传统思想政治教育的重要途径，思想政治理论课始终是对大学生思想政治教育的主渠道。对于艺术类大学生而言，传统的课堂宣讲稍显枯燥无趣，学生积极性和参与性不高，思想政治教育实效性差。教育者要注重主体性实现的途径，通过开展丰富多彩的教学活动，特别注意要使得课堂"有用""有趣"，设法激发学生对思想政治理论课的理论学习兴趣，以社会主义核心价值体系武装学生的头脑，引导学生真诚交流、真实参与、真切感受，从而切实提高艺术类大学生的政治意识和政治辨识度，使他们在多元社会思潮的冲击下保持头脑清醒和明确政治方向。

（5）加强思想政治教育网站建设，建立健全信息监管机制。一方面，要加强思想政治教育网站的建设和完善。通过精心设计网站内容,更系统和更连贯地传授知识,实现知识共享,也要注重价值共享,即将精神共享作为重要的工作内容,提供可以传达价值观、触动和影响学生思想的内容。通过思想政治教育网站的建设和完善,牢牢占领网络舆论阵地,掌握网络上的思想政治教育的主动权,使思想政治教育专题网站成为思想政治教育的重要阵地。另一方面,要建立健全新媒体信息管理机制。通过设立网络虚拟组织、高素质高水平负责任的网络管理员等方式加大信息传播的监管力度,适时建立校园网络发言人制度,在新媒体环境下弘扬社会主义主旋律,形成健康的社会舆论,从而增强思想政治教育的实效性。

第九章

对创新创业教育的认识

一、可持续发展视角下创新创业教育的探讨

推进创新创业教育是高等教育改革的重要决策,是国家实施创新驱动发展战略的迫切要求,是解决高校毕业生就业的基本思路。可持续发展观作为当前中国经济社会发展的基本思路,是开展创新创业教育的重要理论依据。下面围绕着可持续发展观开展创新创业教育具有重要的实践意义,立足可持续发展的视角,探析创新创业教育的现状、问题及对策。

1. 立足可持续发展视角探析创新创业教育的意义

(1)立足可持续发展研究创新创业教育是不可回避的时代问题。1987年,世界环境与发展委员会提出的长篇报告《我们共同的未来》把可持续发展定义为"满足当代人的需要,又不损害后代人满足需要的能力的发展",这一概念得到国际社会的广泛认同,可持续发展逐渐得到全世界的充分重视。1994年,我国政府通过了《中国21世纪议程》,全面提出了我国的可持续发展战略。1996年,《关于国民经济和社会发展"九五"计划和2010年远景目标纲要》再次将可持续发展战略作为指导我国社会经济发展的两大基本战略之一,明确提出要实现生态和社会的可持续发展。作为社会大系统中的子系统,教育也存在自身的可持续发展问题。教育的可持续发展,不仅关系到教育自身的健康发展,而且影响着社会经济的可持续发展。推进创新创业教育是我国高等教育改革的重大举措,是我国经

济提速增效升级的迫切要求,立足可持续发展研究创新创业教育是不可回避的时代问题。

(2)立足可持续发展研究创新创业教育具有突出重要的现实意义。为了降低发展的负面效应,使社会、经济、人口、资源、环境等相互协调,实现自然、社会和人之间的和谐发展,必须树立可持续发展的理念,这已经成为人类各项事业发展的普遍共识。可持续发展强调发展过程中各因素的和谐共存,考虑发展状态能否持续,强调发展应满足未来社会的需要,是我国社会发展和教育改革的重要思路。2023 年,全国普通高校毕业生规模预计达 1 158 万,就业群体数量再创新高,与此同时,在政策的鼓励和引导下,大学生创业的热情高涨,立足可持续发展创新创业教育对于化解就业压力,提高就业质量和效率具有突出重要的现实意义。

2. 可持续发展视角下创新创业教育存在的问题

创新创业教育的兴起适应了国家建设、经济转型和高等教育发展的需要,创业带动就业已经成为社会经济发展的时代潮流和价值取向。然而,由于我国创新创业教育起步较晚,目前仍存在较多问题,特别是在落实创新创业教育过程中,可持续发展的意识还相当淡漠。

(1)学校教育与创新创业实践衔接不够。创新创业教育的目的在于培养有开创性和创新魄力的优秀人才,突出强调理论与实践的联系和互动,因而具有鲜明的实践特征,教育与实践衔接不够是当前我国创新创业教育存在的突出问题。高校创新创业教育与培训课程尚未形成体系,培训课程通常是选修课或讲座的形式,学生得不到系统化、深层次的创新创业知识,对学生来说没有吸引力。更重要的是,多数创新创业教育与培训课程停留在理论层面,实战性不足,教学中缺乏机会识别、风险评估、资源整合、案例分析等针对创新创业实践的内容,学生获得创新创业能力的提升有限。

(2)专业教育与创新创业教育协调不力。《教育部关于做好 2016 届全国普通高等学校毕业生就业创业工作的通知》明确指出,高等学校要

"根据人才培养定位和创新创业教育目标要求,促进专业教育与创新创业教育有机融合。"但是,目前高校普遍存在创新创业教育同各学科专业教育疏离的现象,尚未协调好"专"与"博"、"专"与"用"的关系。首先,高校存在认知偏差。部分高校对创新创业教育理解非常有限,狭隘地认为创新创业教育就是创建企业,甚至错误地认为创新创业与专业学习并不相关,加剧了"读书无用论"错误论调,一定程度上影响创新创业教育的效果。其次,专业教师对创新创业教育的积极性不高。从目前我国创新创业教育的实际发展来看,除了商学院、管理学院、工程学院等少部分应用性较强且与创新创业有着较深渊源的学科外,其他学科的专业教师由于对创新创业教育的内涵缺乏理解,对创新创业教育认可度不高,持怀疑态度,直接导致创新创业教育与专业教育的融合程度不高。最后,创新创业课程建设亟待加强。目前我国高校创新创业教育课程建设仍处于起步阶段,除了商学院、管理学院、工程学院等经管类学院,其他学科开设的创新创业课程与专业课程体系尚未融合,导致创新创业教育与专业教育之间存在"两张皮"的现象,削弱了学生对创新创业教育的积极性。

（3）实践经历不能充分提升创新创业能力。由于高校对创新创业认识存在误解,大学生在创新创业过程中缺乏正确、有力的指导,很多大学生的创业实践完全脱离本专业,开展的创业项目集中在技术含量低、专业知识需求少、门槛较低的行业,很少体现专业技术上的优势。由于创业项目缺乏市场潜力和创新特色,创业项目发展没有可持续性,在现实生活残酷的行业竞争中极易被淘汰,大学生的创新创业能力无法得到充分发挥。脱离专业特色与优势的创业实践,既不利于本专业知识的积累,又不利于创业能力的持续发展。而且,大学生创新创业竞赛、创新创业实践园等实践平台有待完善。创新创业竞赛是创新创业教育的重要实践环节,目前存在精英化、脱离社会实际以及缺乏现实竞争力等问题,比赛停留在表层,看上去轰轰烈烈,实际上大学生的创新创业能力没有得到真正提升;创新创业实践园是大学生创新创业孵化中心,目前存在角色定位错位、管理服务混乱、指导水平有限的问题,不少高校的创新创业实践园名存实亡。此外,进行实际创新创业的大学生面临融资渠道有限、融资困难的问题,资金短缺导致创新创业实践无法持续进行,最终造成创新创业实践的失败。

3. 立足可持续发展,改进创新创业教育的对策

(1)整体规划教育与创业,体现创新创业教育的超越性。教育是培养人的活动,其核心在于培养出具有创造和创新能力的超越性人才。教育的超越性主要体现在两个方面:一方面培养的人能够借助所传授的知识去改造和发展现存的世界、现存的社会和现存的自我;另一方面培养的人能够从现实性看到发展的可能性,并能够将可能性转化为现实性。作为教育的一个分支,创新创业教育毫无疑问具有超越性的本质,即对现实进行反思、批判和理想把握,超越传统、超越现实、预见未来。这就要对教育与创业进行整体规划,首先,必须摒除狭隘、急功近利的实用主义倾向,从狭窄的知识教育、单纯的就业教育转向培养具备创新创业意识和实践能力的创新型、创业型人才。其次,培养学生具备理性反思的能力,帮助学生把握创新创业时机,使学生脱离空想,勇于尝试。既要有行动,又要远离空想。创新创业教育是指向创新创业行为的,实践是它的本质属性。但是创新创业教育与创新创业实践之间是有时间间隔的,并不是教育一结束马上就可以开展创新创业实践,在创新创业实践开始之前需要理性的反思作为基础,才能远离不切实际的空想。创新创业教育要帮助学生把握创新创业的时机,在准备不充分、时机不成熟的时候,建议学生继续做艰苦细致的准备工作。最后,加强创新创业教育的顶层设计。以培养创新精神、创业意识和创业能力的人才为目标,以课程体系建设为核心,从人才培养、课程设置、教学方式、学分学制、人事制度、物资保障等各方面进行统筹规划、协调部署,形成推动创新创业教育的合力。

(2)促进创新创业教育与专业教育全面融通,体现创新创业教育的整体性。创新创业教育与专业教育是相互促进的。一方面,从创新创业教育的角度来看,创新创业教育不能脱离知识教育和专业教育孤立存在,知识教育和专业教育是高等教育的中心任务,创新创业教育必须在专业教育中找到自己的位置,才能提升自身的主流地位。而且,知识教育和专业教育是创新创业实践持续发展的重要动力,创新创业教育融入专业教育能有效帮助学生实现专业领域的创新与创业,拥有专业背景的创新创业型人才更具备成为未来新型企业家的能力。另一方面,从专业教育的角度来看,创新创业教育促进专业教育注重讲授专业领域的前沿问题、创新方法以及最新应用,对专业教育产生深远的积极影响。推进创新创业教育与专业教育全面融合,首先,高校应积极探索适宜本校的融合模式。各高校应借鉴国内外创新创业教育与专业教育之间融合的成功经验,根据自身办学特色和实际情况,探索适宜本校的融合模式。其次,加强创新创业教育课程建设。创新创业课程是创新创业教育的核心,将开放性、创造性以及跨学科的创新创业课程与专业课程融合,是创新创业教育与专业教育融合的基础。最后,加强专业教师对创新创业教育的认识和认可。创新创业教育同专业教育的融合强调各学科专业教师的参与,专业教师对创新创业教育的态度、理念、知识、经验等直接影响创新创业教育的效果,高校应建立奖励、激励和评价机制,对专业教师在创新创业教学等方面给予资助和支持,调动专业教师的积极性。

(3)在实践中提升创新创业能力,促进创新创业能力的持续发展。"要想学会游泳,必须先下到水里"。要提升创新创业能力,必须进行坚持不懈、持之以恒的创新创业实践。研究表明,创业实践经历对学生的创业意向有正向影响,有过创业实践经历的学生在创业人格特质、创业自我认知、创业知识积累和创业社会资源等方面都明显优于没有创业实践经历的学生。高校为大学生提供创新创业实践机会至关重要。首先,面向全体学生,对学生的创新创业实践开展分类指导。鼓励并引导全体学生开展专业实践和实习,通过多层次、多方向的实习实践活动,紧密结合未来工作方向,培养具有创新创业意识和创新创业能力的从业者;对于具有强烈创业意愿和优秀创业潜质的学生,鼓励并指导他们结合专业、结合先进技术、技能、理念进行实际创新创业体验,培养创新创业能力,为今后的成功创新创业做准备。其次,建设创新创业竞赛、大学生创新创业实践园等实践平台。创新创业竞赛具有激发学生创新创业激情,推动创新创业实践的重要作用,高校应不断扩大竞赛的有效覆盖面,注重竞赛的宣传,完善推荐和选拔机制,避免竞赛过程中的精英化、形式化等不良倾向,真正发挥创新创业竞赛的作用;大学生创新创业实践园有助于学生建立与企业、社会的沟通,掌握创新创业本领,开展创新创实践。高校应建立创新创业孵化机制,加强创新创业实践园的管理,提升创新创业实践园的服务水平,发挥大学生创新创业园的巨大作用。最后,着力解决创新创业融资难的问题。高校应帮助与指导实际创新创业的学生拓宽创新创业融资渠道,构建有效的融资机制,整合政府、社会、企业的资源,建立大学生创新创业基金,出台大学生创新创业的贷款政策,加大融资困难的创新创业者的资金支持,推动学生的创新创业持续发展。

创新创业教育的发展是一个循序渐进、持续发展的过程,只有树立正确的发展理念,应对发展过程中存在的理论与实践脱离、创新创业教育与专业教育疏离、实践与经历脱节的问题,提出正确的解决对策和途径,注重创新创业教育的超越性、整体性和持续性,才能为创新创业教育的可持续发展奠定坚实基础。

4.高校开展创业教育的必要性

(1)创业教育是提高大学毕业生创业成功率的重要保障。尽管越来越多的大学毕业生开始选择自主创业,但是大学生创业的成功率并不高。大学生创业成功率低在很大程度上和学校创业教育的滞后和缺乏有关。调查显示,接受系统创业教育的毕业生在承担创业风险、管理企业资产、促进企业成长、进行高科技领域创业等方面具有明显优势。

(2)创业教育适应高等教育大众化发展的进程。我国高等教育已经进入大众化阶段,高等教育大众化面临的最突出的问题是大学毕业生的就业问题。如果大学生只等待就业机会的来临,而不去积极地创业和开拓事业,将会造成智力资源的损失,延缓高等教育大众化的进程。就业教育和创业教育是两种不同的培养模式,也是两种不同的教育质量观。创业教育就是要改变就业教育思维模式,使高校毕业生不仅是求职者,而且是工作岗位的创造者。这种以创造性就业和创造新的就业岗位为目的的创业教育,适应我国高等教育大众化发展的进程。

(3)创业教育符合社会对人才的需求。创业教育鼓励和支持大学生自主创业,将所学的专业知识与自己的兴趣结合起来,将创业方向与市场需求相结合,以实现自己的抱负和个人价值,从而有利于培养大批具有创新精神和创业意识的高素质人才。随着经济的发展,新型工作岗位不断涌现,对知识和技术的要求越来越高,对具有创业意识和创业能力的高素质人才需求越来越多。为使我国经济在更高层次和更广泛的领域参与全球技术、信息和资本市场的竞争,就必须培养更多的高素质创业型人才。长期以来,高校培养的是传统的就业型人才,缺乏创新精神、创业意识和创业能力,难以在充满机遇、竞争和挑战的社会环境中开拓事业。必须通过开展创业教育,发掘大学生的聪明才智和创业潜能,培养大学生开拓进取、勇于创业、不断创新的个性,使大学生将潜在的知识资源转变为现实的知识资源,成为创造岗位和价值的开拓者。

5. 辅导员在创业教育中的作用

高校学生辅导员是高校教师队伍的重要组成部分,是学生工作最基层的教育者和管理者,是联系学校、学生、家长的纽带和桥梁,辅导员深入学校教育的过程和学生校园生活,和大学生密切接触。辅导员应作为创业教育的倡导者、支持者和实践者,将创业教育作为思想政治教育的载体,把创业教育和思想政治教育有机地结合起来,转变学生的就业观念,培养学生的创新精神,主动掌握创业知识,增强创业能力,在高校创业教育中发挥重要作用。

(1)积极与家长、学生沟通,转变就业观念。辅导员应该充分利用板报、橱窗等宣传工具,大力宣传创业的意义和价值,引导学生转变精英教育时代的传统就业观念,树立大众化教育时代的新就业观。受"学而优则仕"的传统就业观念影响,很多大学生将上大学的目标定为毕业后找到福利丰厚、收入稳定、性质体面的工作岗位,成为社会精英。由于一些大学生对就业的期望值偏高,对就业的地域、待遇、性质、层次要求偏高,丧失了很多就业机会和发展机遇,影响了自身价值的实现。大众化教育时代,尽管仍需要一些社会精英治理国家、服务社会,但是更多的大学生只能从事平凡的岗位工作。辅导员要鼓励大学生摒弃陈旧、单一的择业就业观,树立多元的创业就业观,拓宽就业视野,确立自主创业的就业观念。另外,很多家长认为,子女去创业是因为找不到工作,创业是一件很不光彩的事,不同意也不支持子女创业。一些家长对创业教育认识不足,认为大学期间应专注专业,不应谈创业。其实创业教育并不是鼓励大学生毕业就创业,更不鼓励休学创业,而是通过创业、创新精神的培养,提高大学生的综合素质。辅导员应该通过"给家长的一封信"、创业教育宣传页等方式向家长普及就业、创业知识,有条件的还可以利用新生入学时召开家长会,和家长进行关于就业、创业的沟通,转变家长的就业观念。

(2)采用多种渠道,培养创新精神。创新精神是创业的灵魂。实现创业,必须要有追求新事物的强烈意识、对新事物的敏感和好奇、执着探究新生事物的兴趣、追求新发现和新发明的激情、百折不挠的毅力和意志、严谨的态度,以及脚踏实地的作风。具有创新精神的人,好奇心极强,想象力丰富,乐于探索未知,敢于创新,勇于向困难和权威挑战。辅导员应积极营造良好的舆论氛围,对创造能力强、个性鲜明、乐于挑战权威、行为时常逾越常规的创造型学生,进行公正、积极的评价,鼓励并保护其正当的创新行为和创新活动。辅导员要树立大学生身边的创新、创业的榜样和典型,以他们的努力过程和成功经验鼓励大学生,激发大学生的创业、创新热情。辅导员应鼓励大学生在专业学习上主动拓宽知识面,积极开动脑筋,大胆提出自己不同的见解,提高专业技能。

(3)引导学生掌握全面的创业知识。成功创业要有全面的创业知识作为保障。创业知识不仅包括扎实的专业知识,还包括国家政策、企业管理知识、市场营销知识、法律知识以及企业家的成功经验。辅导员要鼓励大学生选修创业课程,多涉猎和创业相关的经营、管理、财务、税法和市场等方面的书籍,参加由成功企业家、政府官员、学校就业创业指导人员的创业讲座和创业论坛。辅导员要加强创业教育的研究,引导学生掌握全面的创业知识,要通过班会、座谈会、研讨会、竞赛等,鼓励大学生搜集创业成功案例,尤其是高科技型、创新型企业依靠知识和技术在市场上取得成功的典型案例,发现企业发展过程中,尤其是产品开发环节、生产环节和技术更新环节知识和技术的重要性,分析因知识与技术落后而在市场中失败的典型案例,以此促进学生端正学习态度,明确学习目标,增强汲取和应用创业知识的动力。

(4)注重实践,提高综合素质和创业能力。辅导员应该鼓励大学生充分发挥创新精神,将知识运用到实践中去,在实践中提高自己的创业能力。辅导员要鼓励大学生以专业为依托,参加和组织内容新颖、富有意义的高质量学生活动。辅导员要鼓励和帮助大学生参加课外科技、文化创新活动。鼓励大学生利用寒暑假到企业、公司开展社会实践活动,获取创业知识,提高创业能力。

二、图书馆服务创新创业教育的路径

高校开展创新创业教育是知识经济时代发展的必然要求,也是我国经济在转型发展中的重要举措。高校图书馆是学校的知识和文献信息中心,是大学生在第一课堂外完善知识结构、提升个人能力的重要场所,高校图书馆应该充分利用自身在资源、人才、制度等方面优势,主动、积极参与高校创新创业教育体系构建,丰富并扩展创新创业教育,从教育模式和方法上对创新创业教育做出有益探索。

1. 高校创新创业教育的功能

(1)创新创业教育有助于提升大学生的创新意识。当今世界正经历百年未有之大变局,国内外形势发生深刻复杂变化,既有机遇,更有挑战。目前,中国经济已经进入新常态发展阶段,高质量发展需要创新激发活力,需要创业拓展市场空间,需要创造营造竞争氛围。创新创业和创造,都需要具有创新创业意识和能力的人才才能实现。大学生是国家栋梁,是社会主义现代化的建设者。通过创新创业教育,努力增强大学生的创新创业知识储备,培养学生对创新的浓厚兴趣和参与热情。

(2)创新创业教育有助于培养大学生的创业精神。杰弗里·蒂莫斯认为:"创业精神是一种白手起家创造和建设新的愿景的能力:从本质上来说,这是人类的一种创造性行为。"实践证明,所有人身上都具有潜在的企业家精神。当面临的局面或任务发生变化时,就会催生企业家精神。有变化,才有创新的空间和机会,有创新,就意味着可以通过改变现状去创造新的价值。创新创业教育,有助于培养大学生坚定的人生信念,改变大学生固有的就业和创业观念,激发大学生的创新和创业潜能,帮助大学生学会协作、沟通、团结、创新,勇于面对挑战,大胆进行变革,从而培养大学生的创业精神。

(3)创新创业教育有助于培养大学生正确的创业价值观。大学生的创业价值观除了具有一般价值观所共有的历史性、选择性和主观性外,还具有自身较为突出的特征,包括相对稳定性、动态发展性以及实践互动性等特点。培养大学生正确的创业价值观,有助于大学生积极开展创业、实现自我价值、实现成功创业等。当今社会,受到各种社会思潮的影响,部分大学生的创业价值观出现偏差,通过融入社会主义核心价值观,帮助大学生树立正确的创业价值观,为实现成功创业打下坚实的思想基础。

2.高校图书馆服务创新创业教育的重要意义

(1)服务创新创业教育符合图书馆改革的发展方向。我国将建设创新型国家作为重要发展战略,国家发展需要创新创业型人才,作为高校重要的信息场域和知识场域,高校图书馆理应紧紧围绕培育创新创业人才提供相关知识和教育,这是高校图书馆改革的方向和趋势。国内外已经有了部分图书馆进行创新创业教育方面的多种尝试和成功做法。例如美国波士顿大学、杜克大学等国外高校图书馆开展了创新创业资源建设；肯塔基大学、不列颠哥伦比亚大学图书馆等国外高校图书馆为大学生创新创业者提供相关的创新创业服务计划。

（2）高校图书馆服务创新创业适应青年学生的阅读变化和选择。互联网时代，高校大学生的阅读习惯有了较大改变，学生阅读趋于快餐化、碎片化。大学生的阅读对于浏览内容的前沿性和针对性，对于阅读过程中的便捷性和交互性等要求更加迫切和强烈。调查显示，在我国，使用数字阅读的人数已经远远超过了使用传统阅读的人数，数字阅读主要是使用手机进行阅读。调查显示，我国日均手机阅读时长达到一个小时以上，年龄越小，通过手机进行阅读的频次越高。新的阅读方式和阅读需求要求高校图书馆要创新服务内容、载体和模式，不断强化服务功能。此外，我国着力建设创新型国家，"大众创业、万众创新"的局面日趋生动和热烈，全社会形成了创新创业的热潮，高校图书馆应该不断创新服务技术和内容，从而满足高校创新创业大学生的内在需求。

（3）高校图书馆服务创新创业教育具备独特优势。高校图书馆具有较为详尽的图书情报资源，具有较为丰富和庞大的数据库，高校图书馆也有一支相对专业的图书情报服务人才队伍，可以紧紧围绕提升大学生创业素质提供数据支撑和技术支持。高校图书馆通过提供海量的创新创业方面的书籍，开展有针对性的阅读推广和阅读辅导活动，帮助大学生了解创新创业。创新创业大学生学习和了解优秀人物的人生经历和人生传记，有助于开拓视野，树立艰苦奋斗、开拓创新的创新创业意识，从而提升自身的创业素质和创业能力。高校图书馆在提供创业服务方面也具有得天独厚的优势，这是因为高校图书馆可以提供相关的非金融服务，比如市场情报、技术进展、战略咨询等信息，为大学生创业打好坚实基础。此外，高校图书馆在提升创业企业决策效率和效果方面具有独特优势。高校图书馆可以针对大学生创业者进行数据培训，提升大学生创业者的数据搜集能力、资源信息诊断评价能力，从而帮助大学生创业者优化决策效果和效率。

3. 高校图书馆服务创新创业教育的现状及问题

（1）传统的图书馆资源和服务模式不能满足创新创业需求。我国高校图书馆服务创新创业处于初级阶段，目前不能满足创新创业教育的需求。创新创业信息资源建设方面，创业者所需信息难以实现通过图书馆传统资源库便捷获取，图书馆现有的创新创业服务也难以匹配创业企业实际需求。部分高校图书馆能提供基本信息咨询服务，如为创新创业人员解答基本问题、办理相关手续等，但是尚不能提供专业信息咨询服务，如通过图书、专业数据库和其他参考资料等。创新创业者希望从创意的产生、产业和市场研究、企业注册、融资、管理等多个方面获得信息资源和精准服务，但目前高校图书馆还不具备帮助创新创业者提取创新创业关键信息和资源的能力，绝大部分高校图书馆尚未提供个性化的精准服务。

（2）高校图书馆亟需加强创新创业课程资源建设。高校图书馆应该对创新创业活动进行专业指导培训，但是我国高校图书馆尚未建立完善的创新创业课程体系，在提供创新创业课程资源方面还存在很大欠缺。目前，国外一些高校图书馆已经建立了相关的创新创业课程体系，开展了创新创业课程服务，课程开展的方式是多种多样的，有的以传统的教学方式进行，有的以报告和讲座的方式进行。我国高校图书馆在课程资源建设方面距离国外高校图书馆还存在很大差距。

（3）高校图书馆在创新创业服务人才建设方面存在差距。高校图书馆服务创新创业，要求图书馆工作人员应该具备相关的创新创业综合服务能力。比如，具备情报搜集能力、咨询能力等，但是目前我国高校图书馆尚未引入或者培训出相关人才。而且，我国绝大多数高校图书馆并没有设置专门的创新创业服务相关岗位。

4. 新时代高校图书馆服务创新创业教育的路径及对策

（1）重新定位，确定创新创业服务目标。高校图书馆服务创新创业既符合自身转型升级目标和国家战略发展的大政方针，又具备图书情报信息资源与服务能力的优势。随着国家和社会的发展，高校图书馆面临的挑战和机遇要求图书馆进行重新定位,推动转型。高校图书馆应该从传统的文献信息传递中心转型为创意创新集聚中心,促进高校的思想交流和技术转化,营造创新创业和改革拓展的良好环境。国家的相关政策法规明确了高校创新创业任务,包括进一步明确创业实践、创业指导、创业活动等的具体要求。高校图书馆应将服务创新创业作为总体目标,同时,详细分解子任务和子目标,在知识产权转化、创新创业制度化、科技成果转化、创新创业课程体系建设、大学生创业率以及创业成功率的提升等方面做出自己的贡献,发挥自己的作用,才能实现自身发展同国家创新创业发展战略的无缝对接。此外,高校图书馆应该勇于承担创新创业教育的改革任务。通过整合资源,结合高校图书馆优势,承接包括咨询、服务、市场、培训等在内的服务项目,分解、落实高校的"双创"教育改革任务。

(2)精准服务,提升创新创业服务实效。高校图书馆应该准确分析创新创业活动的需求,精准服务于高校创新创业教育活动。首先,高校图书馆应该根据创新创业活动类型、创新创业者的综合素质情况以及创新创业活动具体情况提供不同层次和不同内容的帮助。在参与创新创业课程体系建设方面,高校图书馆应该积极引入创新创业基础课程,向学生普及和讲解创新创业基础知识;在创业孵化方面,高校图书馆可以利用自身优势提供技术支持和支撑。如依托图书馆的数据库信息资源提供一对一的服务;在依托真人图书馆方面,高校图书馆应该积极搭建大学生创业者与企业家、行业专家、咨询顾问的交流、咨询和合作平台;在技术转化方面,高校图书馆可以提供相关精准服务,如通过提供创新创业相关的文献资源和信息,开展科技查新、市场信息调研等技术转移的工作,助力高校技术转化。其次,高校图书馆应该培养和培训创业咨询馆员。通过遴选和培训,培养创业咨询馆员,为创新创业提供精准服务。再次,高校图书馆应该结合自身作为信息和知识集聚中心的优势,开展前沿知识的普及和推广,为创新创业者提供最前沿的创新创业知识,为创新创业者提供灵感和创意。此外,高校图书馆可以尝试建设众创空间,为创新创业者提供专业的创业服务。最后,高校图书馆应该助力创业文化氛围的营造。通过开展创业新书推荐、创业者传记导读、创业成果和案例展示活动、创新创业比赛和讲座等,努力营造校园浓厚的创新创业氛围。

(3)协调各方,搭建创新创业服务平台。创新创业服务是一项综合性、针对性较强的工作,高校图书馆并不是全能的,在很多方面存在一定的局限性,资源存在一定的有限性,高校图书馆应该有意识地同其他部门进行协作和沟通。高校图书馆应该紧紧围绕大学生创新创业者的需求,搭建校园创新创业一体化服务平台。应与高校其他教学单位、校园创新创业中心、大学科技园以及科技创新管理部门等之间加强沟通和深度合作。应该始终以创新创业者的需求为出发点,进行信息需求调研,针对影响校园创新创业服务的突出问题提供修改意见。政府部门在资金支持和政策支持方面,有着其他部门不具备的高度和优势,高校图书馆应该积极与其联系,争取更多的创新创业资源;风投机构具备较为雄厚的资金,在创意和市场方面具有独特的眼光和判断,高校图书馆应该积极走出校园,联系风投机构,获取丰厚的资金支持、得到前沿信息和实战经验;相关院校具备较强的师资力量,高校图书馆应该有意识地同其他院校进行沟通和协作,邀请有实力的专家和学者进行培训和交流,从而加强知识和信息的交流和共享;校外创新创业者更有实战经验,高校图书馆应该有意识、有针对性地邀请校外成功的创新创业者到校进行经验的分享和交流,为大学生创新创业者提供实战经验支持。总之,高校图书馆应该以评估促建设、以评估促发展,实现校园协同出创新创业服务可持续发展。

第十章

对日常教育管理的认识

一、新媒体时代辅导员工作的方法创新

随着网络的迅猛发展,社会由传统媒体时代进入以网络为平台,数字化传播为基础,新媒体技术为支撑的新媒体时代。在新媒体时代的大背景下,高校大学生的生活与思想无可避免地受到巨大冲击和影响。辅导员作为学校基层教育者与管理者,只有牢牢把握新媒体时代的特点,努力提升自己的媒介素养,创新工作方法,才能正确引导大学生面对、认识、使用新媒体,完成新形势下的思想政治教育工作任务。

1. 新媒体时代的特点

(1)技术上具有开放性和平等性。依托快速发展的网络技术,新媒体时代一方面打破了传统媒体时代空间上的封闭,另一方面打破传统媒体时代的身份界限,利用博客、MSN、BBS、手机网络等新媒体,每个人都可以成为信息的获得者、传播者、发布者,可以自主地同他人进行在线交流,从"新闻消费者"转变为"新闻生产者",实现了真正的平等,达到能在任何时间、任何地点进行平等交流。

(2)交流上具有双向性和互动性。随着博客、MSN、BBS、电子邮件、手机网络等的广泛应用,新媒体时代颠覆了传统媒体时代信息传播和接受中的单向性和被动型,实现全面的双向交流和适时互动。这是因为一方面信息获得者在网络上获取信息时,可以自己控制何时以何种方式获得何种信

息,另一方面信息提供者可以及时接受信息获得者的反馈。这种适时的双向互动使得个人的主体性大大加强,极大地解放了人们的创造力,同时也为新信息和新知识提供了宏大的生产群体和广泛空间。

（3）信息传播具有即时性和广泛性。依靠新媒体技术,新媒体时代信息制作与传播的速度更加快捷。传统媒体如报纸,需要经过稿件的文字录入、图片扫描、计算机组版、激光照排、制版印刷以及投递等多个环节读者才能阅读到信息;广播电视则需要经过前期拍摄、后期制作播出等多个环节。这不仅需要一定的物资设备做基础,还要耗费一定的时间。新媒体传播则不然,只需要输入信息,就可以直接将信息传播出去,不需要太多的中间环节。对于时效性较高的突发事件,完全可以在事件发生的时候立即通过网络将信息传播出去。此外,网络对于信息的更新也非常方便。信息传播具有较好的即时性。而且受众不受时间、地点场所的限制,可以随时通过新媒体在电子信息覆盖的地方接受地球上任何一个角落的信息,使得信息传播具有较好的广泛性。

（4）思想建构具有独立性和自由性。新媒体时代,虽然个体交流互动更加活跃,信息传播快捷广泛,是"所有人面对所有人"的时代,然而从本质上看,开放程度是以个体的自愿为前提。这一特征决定了个体的思想建构依然保持独立性和交互的自由性,也正因为思想建构的独立性和自由性,使得在新媒体时代建立个体思想的公信力和道德责任意识成为可能,从而实现在新媒体时代正确引导个体交往。

2. 新媒体时代对辅导员工作提出新要求

（1）新媒体的广泛使用要求辅导员掌握一定的新媒体技术。2023年3月2日,中国互联网络信息中心（CNNIC）在京发布第51次《中国互联网络发展状况统计报告》（以下简称:《报告》）。《报告》显示,截至2022年12月,我国网民规模达10.67亿,较2021年12月增长3 549万,互联网普及率达75.6%。《报告》显示,在网络基础资源方面,截至2022年12月,我国域名总数达3 440万个,IPv6地址数量达67 369块,较2021年12月增长6.8%；我国IPv6活跃用户数达7.28亿。在信息通信业方面，截至12月，我国5G基站总数达231万个，占移动基站总数的21.3%，较2021年12月提高7个百分点。在物联网发展方面，截至12月，我国移动网络的终端连接总数已达35.28亿户，移动物联网连接数达到18.45亿户，万物互联基础不断夯实。在时尚浪尖上的大学生，是新媒体的主要用户群之一，新媒体在大学生中的广泛使用要求辅导员掌握一定的新媒体技术。

（2）新媒体的自由与平等要求辅导员转变思想政治教育方式。90后大学生从很小接触新媒体，使用手机浏览新闻、更新个人空间、登录网络学堂、关注亲友网络动态以及同好友保持联络已经成为他们的日常生活方式。而传统的思想政治教育主要依托两课、辅导员与学生面对面沟通以及党校和团校的实践活动。课堂教学手段单一、互动性不强、课堂气氛沉闷，学生积极性和主动性不高。同新媒体活动的多元、开放、自主、自由相比，新媒体活动更能满足他们的心理、娱乐需求，从而要求辅导员转变思想政治教育的途径和方式。

（3）新媒体的信息传播方式要求辅导员把握舆论导向。新媒体时代，信息传播即时、广泛，新闻发布越来越简单、快捷，深度报道越来越少，由于大学生本身尚未建立起成熟的价值观，因此在接受信息时容易先入为主地接受媒体观点，缺乏独立思考和深入分析，更易偏激、冲动。借助新媒体，每个人都可以成为信息的传播者和发布者，各种现象、观点、思潮在网络上激烈碰撞，更不利于大学生形成正确的世界观、人生观和价值观。网络提供给学生的虚拟空间，使得学生在发泄个人情绪时无所顾忌，利用网络造谣、诋毁，甚至利用网络从事违法乱纪活动，造成恶劣影响。新媒体信息传播的快捷使得不良信息也以更快的速度和更大的范围影响到青年学生。新媒体信息传播快捷、信息量大且质量参差不齐、各种观点和声音都能呈现多元价值观激烈碰撞，这都要求辅导员及时把握网络舆情，加强正确引导。

（4）意识形态宣传要求辅导员主动抢占新媒体阵地。西方国家从未放弃对我国意识形态的渗透,特别是美国,历来重视投入与产出比,在意识形态宣传方面也不例外。传统的电视、广播等传播手段容易受到政策、技术的限制,很难实现全球性的传播。而新媒体的技术破解相对简单,所以它成为西方国家用以进行意识形态攻势的阵地。思想政治教育者要积极抢占新媒体阵地,筑牢意识形态安全防线。

3.新媒体时代辅导员工作的探索

(1)辅导员要转变固有观念,坚持"育人为本"的教育理念。新媒体的迅猛发展要求辅导员必须转变固有观念,正视新媒体对当代大学生群体产生的影响,充分认识新媒体对大学生思想政治教育工作带来的新机遇和新挑战。辅导员要转变高高在上的"教育者"和"管理者"的权威身份,树立平等意识,在理解和尊重的基础和前提下与学生完成沟通和交流。辅导员要坚持"育人为本"的教育理念,紧密结合大学生的特点,根据大学生的成长需求和信息接收习惯进行思想政治教育工作。

(2)辅导员要转变教育模式,提高思想政治教育的实效性。辅导员要转变说教和灌输的教育模式,利用新媒体的新平台,加强引导,创新思想政治教育的内容和工作方法,提升思想政治教育的实效性。辅导员可以利用广大学生多数拥有电脑和手机的有利条件,借助学生关注的网站、论坛、博客、微博等,通过专题新闻、学术讲座、热点讨论、辩论演讲、榜样宣传等形式积极开展思想政治教育主题活动。辅导员要充分利用新媒体丰富的信息资源搭建信息平台,寓教于乐,以大学生喜闻乐见的方式进行有说服力和针对性的宣传教育,把政治理论和党的方针政策润物细无声地渗透到学生的头脑里,提高广大学生的学习兴趣和主动参与的积极性。利用 E-mail、QQ、MSN、BBS、博客、微博加强与学生的互动和交流,同传统的班会、座谈会相比,借助新媒体,学生更能表达自己的真情实感,因此通过这条新渠道,辅导员可以准确把握学生的思想动态和成长需求,提高思想政治教育的针对性和实效性。

(3)辅导员要自觉担当新媒体时代的舆论"意见领袖"。辅导员要充分利用舆论资源,一方面,要主动关注大众传媒和舆论生成空间,及时掌握舆论资讯,积极开展舆情尤其是网络舆情研究,通过舆论把握思想政治教育的接受程度,发现大学生思想中存在的"热点、难点、疑点、焦点"问题,为有效开展思想政治教育奠定坚实基础。另一方面,辅导员要主动担当舆论形成的"把关员"和"意见领袖"的角色,强化思想政治教育的主导意识,始终保持思想政治教育的信息优势,发挥舆论引导在大学生政治立场和道德观念中的重要作用,以"意见领袖"的角色担当强化正面舆论的影响力,克服负面舆论的不良影响。

(4)辅导员要努力提升自身媒介素养。媒介素养是人们对各种媒介信息的解读和批判能力以及使用媒介为个人生活、社会发展所用的能力,主要包括选择能力、理解能力、质疑能力、评估能力、创造和生产能力以及思辨能力。包括三个环节:接触媒介、获取信息;解读媒体、批判的接受媒介信息;利用媒介工作和生活,通过媒介发出声音并维护自己的利益。对于辅导员来说,提升媒介素养并不仅仅是说服、传递信息能力的提高,更重要的是信息分析、鉴别、筛选、评价、引导能力的提升、完善。辅导员要积极提高自身的政治理论素养、道德文化素养和自身媒介素养,做到既熟悉大学生的成长规律,熟悉思想政治教育基本规律,又能掌握传播学理论,能熟练运用新媒体技术开展思想政治教育工作。

二、大学生的特点和教育管理对策

音乐类大学生是大学生中的特殊群体,要把音乐类大学生培养成德艺双馨的高素质人才,具备扎实的专业技能,具有正确的价值观、人生观、世界观,坚持社会主义先进文化的前进方向,积极推进社会主义文化发展繁荣,就必须认真分析音乐类大学生的思想和行为特征。

1. 音乐类大学生的特点及成因

综合类大学中的音乐类大学生是一个较为特殊的群体,与普通文理科专业学生相比,有着鲜明特点,主要表现在以下几个方面。

（1）文化基础薄弱。和普通文理科大学生相比，音乐类大学生的高考入学考试包括文化科考试和专业技能考试两部分。除了备考文化课，为了通过专业技能考试，学生需要花费大量时间学习和练习、参加等级考试等，这非常影响学生文化课的学习。从高考文化成绩来看，音乐类大学生的文化课成绩普遍偏低。入学后，音乐类大学生普遍存在"轻文化重技能"的思想，对专业技能课程比较重视，轻视专业基础课和公共基础课程的学习。此外，虽然大部分音乐类大学生热爱音乐这门艺术，相当一部分同学从小就练习了一项专业技能，但也有少部分学生因为文化课成绩较差，为了能顺利高考，取得大学本科学历，不得已选择学艺术通过高考的捷径。

（2）自我约束力差，组织观念淡薄。从教学形式上讲，音乐专业的教学模式、教学环境、教学方法有着很大的不同，专业技能教授小班制，学生一般在十人以下，相同专业技能的学生有着不同的专业技能教师，授课时间不相同，授课地点在空间小、较封闭的琴房，很容易给学生造成"散"的感觉，养成"散漫的习惯"。从学习方式上讲，音乐艺术学习强调个性和张扬，在音乐艺术中熏陶多年，学生关注音乐的个性表达，关注自我的情感和音乐艺术的融合，日久自然追求标新立异，追求自由个性的生活。况且，知名艺术家中不乏不拘小节的成功人士，音乐类大学生耳濡目染重视专业技能的提升，对生活细节和基本准则并不在意。以上原因，都导致音乐类大学生养成我行我素、自我约束力差、一切从实际出发的思维习惯和行为方式。具体表现在上课迟到、早退、旷课现象明显，活动参与懒散，时间观念不强，纪律观念不强，宿舍卫生脏、乱、差，违规违纪行为相对较多。

（3）情感敏感丰富，情绪波动较大。相比其他专业大学生，音乐类大学生的情感世界更加丰富，也更加充满理想主义和浪漫主义色彩。这主要是因为音乐表演需要情感的渗透和表达，比如声乐演唱，除了掌握发声技巧和练习，还需要演唱者深刻理解歌曲表达的意义，演唱的时候把自己的感情歌唱出来，才会赋予歌曲自己的个性和味道，才有吸引力。音乐类大学生爱憎分明，遇事不够理性，常常仅凭自己的好恶，对后果估计不足。大部分音乐类大学生阅读面窄,阅读量小,人文素养欠缺,看问题不够全面和客观,考虑问题不够周全深刻,情绪容易受环境的影响而大起大落。

(4)自我认识不够客观。音乐类大学生普遍不关心国际国内时事,更多沉迷于自己的艺术领域,政治敏感度低,视野不够宽广,人文知识掌握不够丰富。况且在综合类大学中,拥有一技之长的音乐类大学生在各种校园文化活动中很容易脱颖而出,备受推崇,这就使得他们更容易自我陶醉、自我欣赏、自我评价过高,不能客观认识自己,正确评价自己,往往很容易显得过于自尊和自负,影响自己的定位和发展。

2. 音乐类大学生教育管理中存在的主要问题

综合类院校在教育管理音乐类大学生时,有时忽视音乐类大学生的专业特点、思维特点、人文素养和个性特征等方面存在的差异,在教育管理中存在明显问题。

(1)重规则轻疏导。综合类院校在对音乐类大学生进行管理的过程中,重视规则的使用,对违反规则规定的学生能够按规则规定处理。但通过教育管理者耐心地对其予以解释,耐心地等待学生们接受,让学生先深刻了解掌握规则规定,再进行处理的方式取得的效果更好。音乐类大学生在遵守校纪校规方面表现较差,从入学《学生手册》考试来看,其他专业的学生能够比较认真地学习《学生手册》中关于学籍管理、违纪处分、奖助学金评定等内容,记住相关的校纪校规,音乐类大学生相对而言则关注较少,即便学习过,记忆也不牢靠。从违纪违规的行为上看,音乐类大学生违纪违规的人数和次数要明显多过其他专业学生,许多违纪违规学生不把规则规定当回事,受到处理时才追悔莫及。

(2)重效果轻过程。艺术类学生难以管理是众所周知的,相关高校对于艺术类学生的管理都比较重视和严格,重视入学初始阶段的思想教育,开展新生入学教育,强调违纪处理结果,对学生有一定的威慑力。这种管理模式不注重学生接受能力,不关注学生是否因此提高认识水平从而约束自己的行为,而只是对学生纪律约束进行简单告知,简单灌输。对于学生的违纪违规行为,往往会严肃处理,杀一儆百。这种管理模式的弊端是忽视过程管理,周期较长,对违纪学生处理时产生的后果比较严重,不利于学生的健康成长。

(3)重管理轻服务。高校学生管理者经常满足于管住学生,保证学生不出事,同学生思想交流得少,管理的色彩浓,服务的色彩淡。管理的方法也比较粗放、简单,不能做到耐心、细致。不深入学生内心,不让学生心服口服,高压管理只会让学生表面表现得顺从,实际逆反心理严重,时日久了就会产生激烈的矛盾。有许多看起来是学生的问题其实和学校的相关服务工作不到位和硬件条件缺乏有很大关系。

(4)重统一轻个性。综合类大学在教育管理学生方面都比较认真、严格,但在具体管理、评价工作中,没有结合音乐类大学生的实际情况分别指导,区别对待,而是采用全校统一的管理制度和管理办法,忽视音乐专业的特殊性和学生的个性。比如英语四六级考试通过率、考研率、学生宿舍卫生文明状况等等,音乐类大学生的表现都要欠缺,这是专业特点和学生素养所限。综合类大学如果在评价机制上统一、粗糙,势必会导致音乐类学生所在学院会不顾及学生的个性特点努力,在评价工作中只为完成定性任务取得较好表现,从而造成学生丧失应有个性,失去创新的环境、创新的激情和创新的想法。

3.音乐类大学生教育管理的策略

(1)尊重音乐类大学生的个性,注重个体与集体的融合。没有个性就没有创新,对音乐类大学生来说尤其如此。音乐类大学生的思想比较活跃,看待问题比较情绪化,表达情绪和意见比较直接和极端,这就要求管理者在管理过程中要注意尊重他们的个性,允许他们表达自己与众不同的疑问和标新立异的观点,从关心学生、了解学生入手,结合学生的实际,耐心地从多个方面多个角度深层次地进行教育,循循善诱,做到让学生心悦诚服,才能让学生真正服从管理。要尽力为音乐大学生个性的发挥搭建平台。如引导大学生积极参加各类学生组织和学生社团,积极开展和参加各类校园文化活动等等,通过参加各种活动,既让他们的个性在活动中充分发扬,才能得到充分发挥,获得专业和工作的认同感和成就感。同时,要注重加强学生的集体主义精神,妥善处理好个人和集体的关系,增强学生的集体观。

(2)加强专业兴趣的培养,提高音乐类大学生的专业认同感。兴趣是指一个人力求认识某种事物或从事某种活动的心理倾向,是学习内部动机的重要因素。在学习活动中,浓厚的兴趣能保证目标明确,积极主动,以敏锐的观察力、高度集中的注意力、深刻的思维和丰富的想象投入学习,自觉克服各种艰难困苦,获取学习的最大成就,并能在学习过程中不断体验成功的愉悦。如果兴趣和专业相吻合,学业成功的概率将会很高。在学习过程中,兴趣是可以培养的,通过系统的指导,逐步培养音乐类大学生对专业学习的认同和热爱。针对大部分音乐类大学生存在的学习兴趣问题,如缺乏系统认识和探究能力,盲目以"实用性"看待课程,不能宏观把握课程设置,不能具体分析理清课程的基础性和先决性,对某些课程持无所谓态度等,学校要尝试自入学起开设有关思想方式、认识论、方法论方面的课程,帮助学生学习教材的同时,逐步学会有意识地进行逻辑的分析综合活动。在二年级和三年级中开设讲述专业课相互关系的课程,指导学生在学习过程中能对具体的课程进行分析,找出规律性和课程间的关联性,然后对各门课程进行综合、分类,并能在分析综合的基础上,把已经获得的理论知识运用到新知识的学习中去,从而让学生认知课程之间的相互关联,改变学习态度和学习观念,从而逐步培养其学生浓厚的专业兴趣。

(3)做好学习生涯与职业生涯教育。同中学课程学习相比,大学课程学习有着非常明显的不同,迥然不同的学习方法需要大学生有较强的学习能力,才能尽快适应大学学习。同普通文理类大学生相比,艺术类大学生更需要加强学习生涯教育,帮助他们树立良好的学习态度,掌握良好的学习方法,在整个学院形成良好的学习氛围。同时,要注重加强职业生涯教育,积极开展职业生涯规划课程和就业指导课程。职业生涯教育有助于学生更好地认识和了解自我,了解社会现状,并根据自身特点和就业现状明确自己的职业发展方向。良好的职业生涯教育,可以帮助大学生树立良好的人生观、世界观和价值观,避免大学生在求学期间出现迷茫和漫无目的,因缺乏人生发展方向而消极萎靡,不求上进的现象发生。

三、大学生阅读需求策略研究

高校图书馆是大学生阅读学习的重要平台,承担着指导和组织大学生开展阅读活动的重要责任,同时,高校大学生阅读需求是高校图书馆开展阅读推广服务在新时代的具体体现,高校图书馆只有以大学生阅读需求为导向,不断创新和提升图书馆的服务理念和建设水平,才能推动高校校园文化建设。

大学生阅读需求的概念最早由北京大学王余光教授提出,他从文化视角解读当代大学生的阅读方式,此后大学生阅读需求进入大众眼帘。在大学生阅读需求的意义方面,南京大学周宪教授提出具有代表性的"读图时代"概念,指出大学生阅读需求受到现代信息的冲击,在某种程度上正在经历着边缘化。高校图书馆与大学生阅读需求建设有着不可分割的关系,起着倡导、组织、服务大学生读书的重要作用。目前,国内对于高校图书馆推动大学生阅读需求建设的研究层出不穷,朱晓宵从大学生阅读需求载体的角度分析了高校图书馆在组织有效的阅读活动及评价大学生阅读成果方面的作用;杜杨芳则从大学生阅读需求的结构角度出发,指出高校图书馆是开展大学生阅读活动的重要技术与环境新形态;陈好敏强调高校图书馆对大学生知识、素养提升方面的作用,认为只有高校图书馆开展丰富多样的阅读推广活动才能推动大学生阅读需求建设。综上所述,本文拟围绕现阶段高校图书馆对大学生阅读需求构建中存在的问题加以分析,并提出了一些强化和改进措施,以促进高校图书馆建设与发展、促进大学生知识的增长和国民整体素质的提升。

1.高校图书馆在大学生阅读需求构建中的作用

(1)高校图书馆在大学生阅读中的组织引导作用。高校图书馆具有教育与服务的双重职能,不仅为大学生提供全方位的信息资源、场地,同时还在其服务过程中发挥组织引导作用。传统的阅读推广服务中,图书馆是活动的策划者、组织者与实施者,学生仅限于参与图书馆推出的各类阅读活动,活动的组织者与服务对象是相对孤立绝缘的,因此这种运行模式不利于阅读推广活动的长久发展。从当前的研究现状中可以看出,进入"全民阅读"时代以来,高校图书馆打破图书馆与读者之间的壁垒,与读者建立直接联系,畅通信息传播途径。最有效的方式是变读者被动获取信息为图书馆主动推送信息,将"点对面"的信息推送方式转化为"点对点"的推送方式。高校图书馆在组织开展大学生阅读活动方面进行了有益的尝试,已经取得了不小的成果,在倡导大学生积极参与阅读活动方面,通过线上与线下宣传,让大学生汲取专业知识的同时,不断开阔眼界,引导大学生逐步建立良好的阅读观念,形成良好的阅读习惯。高校图书馆专业馆员为大学生提供阅读指导,经过教育引导,能够助力大学生掌握正确的阅读方法,使大学生阅读需求朝着主流文化方向发展,从而树立正确的世界观、人生观、价值观,塑造健康的人格。在满足大学生阅读需求过程中,高校图书馆正在发挥着组织者、引导者和实施者的作用。

(2)高校图书馆在大学生阅读中的信息整合作用。美国学者迈克尔·戈曼提出,图书馆应以为人类文化素质的提升而服务。事实上,这是所有图书馆进行文化建设的最高目标。对于高校图书馆来说,服务的主要对象是在校师生这一具有较高文化程度的群体,提供的是具有专业性、权威性和前沿性的信息资源。在移动"互联网+"时代,高校图书馆在为大学生提供信息资源时已不再局限于传统纸媒,信息渠道多元化、信息载体多样化、信息资源海量化需要高校图书馆通过各种手段和工具对众多的数字资源进行有效的整合,生成满足不同读者需求的新的信息集合体,向大学生免费开放,满足大学生日常学习所需。此外,高校图书馆还向大学生提供咨询、书目推荐、名师讲座等阅读推广服务。

(3)高校图书馆在大学生阅读中的技能服务作用。高校图书馆文献信息资源十分丰富,是大学生汲取文化知识的最佳场所。在高校图书馆中,纸质书籍、报刊仍是大学生阅读需求的主要载体。随着时代的发展,人们的阅读习惯已经和正在发生着改变,人们更偏爱数字阅读,喜欢利用手机、电脑等电子产品进行阅读,传统的纸质图书遭到了冷落。第十八次全国国民阅读调查发现:从数字化阅读方式的人群分布特征来看,主力依然是 18～49 周岁的中青年群体,其中,18～29 周岁人群占 31.0%。高校图书馆在完善传统资源与网络信息资源多种载体并存方面,进行了有益的尝试,3D 打印、短信、微信、移动图书馆、云阅读、电子期刊等成为高校图书馆服务大学生阅读需求的重要内容。高校图书馆信息技术的普及,特别是自动化网络系统为大学生阅读需求提供了无限广阔的空间。

2. 现阶段大学生阅读需求构建中存在的问题

(1)盲目阅读导致阅读无效化。高校大学生在阅读活动时受到多种因素的影响,对阅读载体的选择体现了大学生读者的求知欲和阅读兴趣。大学生阅读兴趣非常广泛,他们的阅读活动囊括了专业学习、考试结业和陶冶性情等内容,阅读内容的广阔性说明大学生的阅读需求呈现多样化的发展趋势,大学生阅读内容的盲目选择会导致大学生的阅读活动呈现出无效化的特点,在一定程度上使高校图书馆助力大学生有效阅读表现出无的放矢。大学生阅读选择的内容中专业教师的推荐是主要因素,但是媒体书评、畅销流行等方面内容所占比例也较大,同时还有相当一部分学生在阅读时呈现随意性。事实上,大学生在面对这些阅读内容时,往往很盲目,仍依靠多样化的推荐来开展阅读,从而导致阅读缺乏稳定的目标,而部分书籍的阅读对大学生的成长来说是一种无效的阅读。

(2)动机偏差导致阅读功利化。根据高校图书馆读者阅读统计,大学生在阅读内容的选择上呈现出多元化的趋势,但是由于缺乏有效的阅读指导,导致阅读效果在一定程度上不是很理想。在高校环境下影响大学生选择阅读内容的因素有很多,大学生共同学习、生活在大学的校园里,所进行的阅读活动必然会受到来自同一环境直接或者间接的影响,尤其是高校主流文化对大学生阅读的选择起着决定性的作用。大学生群体的阅读活动更多的是倾向于专业学习的需要,而关于娱乐动机方面则涉及很少,但在学习需求的内容中,"毕业论文撰写"和"求职发展需要"所占比例较大,说明了大学生具有任务意识和自主竞争的意识,但也暴露出大学生的阅读动机在很大程度上倾向于"个体需要"的特征,表现出急功近利的特点,并不是将阅读需求作为一项长期的、日常的活动,呈现出功利性、短期性、即时性的特点。

(3)指导缺失导致阅读模糊化。在高校中,虽然大学生阅读作品的选择有各种权威的推荐,包括专业教师推荐书目、主流媒体的经典书目、文学史的重点篇目等,大学生在进行阅读时也会将这些推荐放在选择的首位,同时,大学生正处于青春、浪漫、理想的状态中,在专业课程的领域之外,文学经典也会是其首要选择的内容。事实上,经典作品可以陶冶情操,帮助大学生获得情感的共鸣与升华,但是在具体选择时,高校图书馆海量的信息资源导致学生筛选困难,在阅读时大学生也极少获得阅读上的指导,导致大学生面对阅读时往往只是汲取文字表意,对深层次的内涵理解困难,或是理解了文章的内容,但由于缺乏逻辑思维训练,往往"辞不达意",久而久之,使得大学生对阅读丧失兴趣和热情。

3. 高校图书馆助力大学生阅读需求构建策略

(1)高校图书馆助力大学生阅读需求的精神构建。高校图书馆在推动大学生阅读需求构建时,需要以中华优秀传统文化为基点,传播中华民族文化的精神,使优秀的传统文化深植于大学生的内心,并形成持久的精神动力。同时要紧跟时代发展潮流,传播新时代中国特色社会主义文化,使大学生的阅读需求构建和中国特色社会主义事业形成连接,从中获得发展。

1)树立正确的阅读观。长期以来,高校图书馆担负着文化育人、科研建设、服务创新等方面的职责与使命。2015年,国务院印发《统筹推进世界一流大学和一流学科建设总体方案》,指出高校要坚持立德树人,突出人才培养的核心地位,着力培养具有历史使命感和社会责任心,富有创新精神和实践能力的各类创新型、应用型、复合型优秀人才。高校图书馆作为教学之外的"第二课堂",在人才培养中发挥着不可替代的作用。图书馆作为培育高素质人才的摇篮,其育人功能尤为重要。强化图书馆育人功能已成为学术界的普遍共识。随着互联网技术的高速发展,当代大学生的阅读活动呈现出多样化和个性化特点,有的出于专业学习和职业发展的需要,忽略了精神境界的提升,这看似无可厚非,但事实上大学生阅读学习的目的不该仅止于此。另外,在市场经济大潮的冲击下,社会上或多或少流行着"读书求职"的思想,但大学生阅读的目的绝非这么狭隘。高校图书馆应该把育人职能放在首位,在大学生思想品质的构建上下功夫,引导大学生对阅读本身的价值有一个较高的认知标准,树立积极正确的阅读观。帮助大学生建立起正确的阅读观念,不仅能让大学生阅读更有深度、有品位,更有助于大学生品格的塑造。

2)聚焦文化精神内涵。2016 年,习近平总书记在全国高校思想政治工作会议上明确提出,"思想政治工作从根本上说是做人的工作,必须围绕学生、关照学生、服务学生,不断提高学生思想水平、政治觉悟、道德品质、文化素养"。大学生阅读活动最核心的内容是精神内涵的建立。它是大学生通过长期的学习和积累形成的一种心理文化的整体风貌,也是大学生阅读需求构建最基本的原动力,因此,高校图书馆助力大学生阅读需求的精神构建影响着图书馆的环境建设、制度建设和行为建设,具有举足轻重的作用。高校图书馆在推动大学生阅读需求精神构建时,要突出大学生的思想引领,中华民族的优秀传统文化凝聚着中华儿女的理性和生存智慧,早已成为中华民族基因的一部分,植根在我们的内心深处,默默地影响着我们的思想方式和行为方式,因此,可以说优秀传统文化是文化自信的基石。图书馆要以中华优秀传统文化为基点,传播中华民族优秀传统文化的精髓,使优秀传统文化植根于大学生的内心并形成持久的精神动力。同时要紧跟时代发展潮流,传播新时代中国特色社会主义文化,使大学生的阅读需求构建和中国特色社会主义事业形成有机的融合,并在此中获得健康发展。高校图书馆以大学生阅读需求为导向,通过分析大学生利用图书馆信息资源的行为,掌握大学生的阅读倾向,有针对性地优化馆藏信息资源,提升大学生的使用体验和阅读兴趣,从而实现图书馆服务育人的目的。

（2）高校图书馆助力大学生阅读需求的制度构建。高校图书馆通过制定相应的规章制度,能够为大学生创造优雅的阅读环境,也能够为大学生开展丰富多彩的阅读服务,更能保证大学生进行良好的阅读,并对大学生的阅读活动起到一定的促进和保障作用,因此,高校图书馆需要制定相应的政策,规范图书馆的各项建设,依靠制度不断助力大学生的阅读需求,从而形成高校图书馆合理、和谐、有序的文化氛围。

1）完善图书馆馆藏规则。大学生是参与阅读活动的主体,在图书馆参与阅读活动时无一例外地需要遵循图书馆的各项规章制度,制度的强制性能够保障图书馆的阅读设施、阅读资源、阅读环境不受影响,保障大学生阅读活动的有效展开,进而帮助大学生树立正确的阅读观念。丰富多样的馆藏信息资源是图书馆开展各项服务活动的基础保障。高校图书馆应制定并完善馆藏纸电文献藏书规则,并按照藏书规则进一步丰富馆藏,满足大学生的阅读所需。高校图书馆只有实现馆藏纸电文献藏书规则与大学生阅读需求的步调一致,才可以最大程度上让大学生更好地利用图书馆的馆藏信息文献,保障大学生的阅读活动能有序开展。

2）加强图书馆馆员队伍建设。高校图书馆馆员的形象或素质在一定程度上代表了高校图书馆的风貌。高校图书馆应该按照"双一流"的标准,加强馆员队伍建设,形成监督与约束机制,并定期开展图书馆馆员培训,使其认识到图书馆工作担负的重要使命,要以服务师生为中心,避免工作懒散和敷衍。高校图书馆可以实行馆员定期考核制度,考核指标的评价标准可以由图书馆馆员及广大师生共同制定,对于表现优秀的馆员实行一定的精神奖励,鼓励馆员积极参与到图书馆的建设中来。

（3）高校图书馆助力大学生阅读需求的行为构建。高校大学生阅读需求是大学生在阅读交流和阅读实践方面的反映,阅读需求不只是一种模式,而是最能体现大学生阅读需求特征的一个方面。从上述分析可以得知,大学生的阅读需求受到主流文化的影响,呈现出多元化的特征,其中学习需求和职业发展需要对大学生的阅读起着一定的导向作用,并影响着大学生的阅读观念。随着网络信息技术的发展,高校图书馆为大学生阅读提供了丰富而先进的基础设施,电子阅读、视听阅读等方式逐渐丰富,也对大学生的阅读产生影响,因此,高校图书馆要正确引导大学生的阅读观念,使大学生阅读需求朝着良性的方向发展。

1)指导大学生进行深层次阅读。随着信息技术的飞速发展,一些网络媒体为了迎合大学生的阅读心理,在推荐所谓热点时往往有着一定的指向性,大学生阅读的内容渗透着商业化、大众化、娱乐化的因素,多呈现出"浅阅读""泛阅读"等现象,不能在阅读上求精求新。针对大学生阅读需求多为"浅阅读"的现象,高校图书馆要培养大学生进行深层次的文献阅读。目前,大部分大学生在专业阅读之外以娱乐阅读为主,这对大学生阅读习惯的构建没有太大益处。高校图书馆可以在引导大学生进行深层次阅读方面提供更多、更好的服务,例如建立优质稳定的阅读推广团队,为大学生提供信息咨询、答疑解惑的服务,还可以通过鼓励学生参与读书交流激发学生"深阅读"的兴趣,让大学生在分享阅读的过程中学会阅读分析,并且在其中找到快乐和成就感。

2)创建品牌化服务活动,注重大学生的阅读参与。阅读活动需要展现和涵盖健康、丰富的校园文化和精神,这些内容浓缩而成特定的符号,即为"品牌",高校图书馆要将名声打出去,树立良好的品牌形象,建立对品牌的认可度和归属感。将阅读推广活动打造成为一个品牌,利用其品牌效应,更易吸引读者,扩大阅读活动的影响力,使大学生能够以参与到图书馆的阅读活动中为荣。高校图书馆可以通过举办阅读推广活动,向大学生推广普及阅读活动的重要性,可以通过读书论坛、国学诵读、专家讲座、知识竞赛、话剧表演等活动提高图书馆的知名度,还可以通过各种形式的阅读推广活动加强与大学生的互动,吸引越来越多的大学生参与到图书馆的阅读活动中来,增加大学生参与活动的热情。

3)把握数字阅读趋势,丰富阅读推广活动形式。随着网络信息技术的发展,数字阅读成为大学生阅读的趋势和常态。数字资源逐渐成为高校图书馆信息资源建设的主体,在高校图书馆拥有的信息资源中,数字资源的数量和质量需求都在不断上升。高校图书馆应该把握数字化阅读的趋势,广泛开展数字资源远程服务。数字资源服务因其远程可访问的特点,为各高校图书馆的延续服务提供了空间,高校图书馆通过对线上线下的融媒体宣传,能够达到更好的宣传效果;还应该为大学生阅读提供丰富而先进的技术设施,如电子阅读、视听阅读等,丰富大学生的阅读形式,利用先进的技术设施可在线上开展数字资源阅读的服务,也可以线上线下相结合开展数字资源阅读服务;还可以与高校各院系共同创办数字阅读推广活动,更可以与社会力量合作组织开展数字资源阅读推广活动。高校图书馆可根据具体活动安排,进一步细划为节假日活动、定期活动、特色活动,也可以利用移动网络平台组织开展活动。活动要以丰富的活动内容和形式吸引大学生广泛参加,从而助力大学生进行个性化阅读。

4)培养大学生个性化阅读与自主阅读。大学生的阅读需求受到主流文化的影响,其中职业发展需要对大学生的阅读起着一定的导向作用,并影响着大学生的阅读观念,但多元化、个性化的阅读也逐渐在大学生的阅读活动中显现。高校图书馆的核心任务与高校育人的目标相一致,就是要培养自由而独特的人。因此,高校还应该着力培养大学生进行个性化阅读和自主阅读,如助力大学生利用图书馆移动客户端或 APP,学习与课程相关的文献资料以及网络精品课程、云课程、慕课、网络专家和企业家讲座等音视频等,帮助大学生找到自己的兴趣所在;还可针对大学生不同的阅读需求开展针对性阅读推广活动,可借助大数据、云计算、云服务等先进技术展开信息分析,助力大学生有针对性地展开阅读学习;应将馆内丰富的信息资源与馆外相关的信息资源有机地链接起来,为大学生的自主学习提供信息资源保障,从而提高大学生个性化阅读与自主阅读能力。

（4）高校图书馆助力大学生阅读需求的环境构建。高校图书馆在推动大学生阅读需求的构建上，可以从不同角度来进行考虑。大学生阅读环境的构建是大学生阅读所需的最基本的空间环境。高校图书馆是大学生开展阅读学习的理想场所，是大学生与阅读之间的媒介，大学生阅读需求的构建在一定程度上受到高校图书馆环境建设的影响。高校图书馆可以高校环境为依托，营造一种浓郁的阅读氛围，发挥出高校建筑风格、空间环境的双重人文价值，起到"润物细无声"的阅读激励作用，为构建大学生良好的阅读环境贡献力量。

1）拓展大学生阅读空间，构建书香校园常态化。借山光以悦人性，就是说良好的环境对人的影响是不容忽视的。高校图书馆在推动大学生阅读建设时，应该注重环境建设，通过装修、布局、装饰等给大学生营造一个舒适温馨的阅读区域，用宁静和庄严的环境，潜移默化地影响大学生的阅读感知，并通过丰富的馆藏信息资源和良好的服务构建具有时代性的阅读需求效应，激励大学生不断开拓进取。高校图书馆在构建阅读环境时不应仅仅将重心放在图书馆馆域内的建设，还可以将阅读环境建设拓展到图书馆以外的地方，例如，在教学楼或大学生活动室创建阅读空间，并通过流动的馆藏信息资源为大学生提供阅读服务，架起大学生和环境之间的阅读桥梁。在校园空旷开阔处还可以修建阅读室，以供大学生大声朗读，以校园环境文化建设促进书香校园建设的常态化。

2）构建大学生理想学习场所，满足大学生专业学习要求。高校图书馆是大学生的"学习殿堂"。高校图书馆的环境建设不能离开大学生专业学习的要求。高校图书馆应该竭力为大学生创建能够进行理想学习的场所，除了在馆藏信息资源上入手外，学习氛围的营造也同样重要。高校图书馆可以在馆内为大学生开拓自习区域，区域内的光线、饮水、充电、空调、卫生间等设施应一应俱全，解决大学生学习环境的后顾之忧。在此基础上，有条件的图书馆还可以根据学科分类设置不同的学习区域，合理布局，营造美好的阅读氛围，为大学生专业交流提供研讨室，促进大学生的专业学习。

第十一章

对心理健康教育的认识

一、辅导员应该重视和运用的心理效应

心理效应是社会生活中因一种(或多种)心理动因引发的同质的或异质的规律化的心理后效,是社会生活当中极为常见的心理规律。辅导员在做思想政治教育工作中,正确认识、了解相关心理效应,利用它的积极面,避免它的消极面,能够减少和避免出现认知偏差,使自己的认识更客观和公正,使工作做到有的放矢,事半功倍。

1. 头脑风暴效应

1938 年,时任美国 BBDO 广告公司副经理的亚历克斯·奥斯本(Alex-Faickney Osborn,1888—1966)发现,一向运作良好的公司突然面临客户大量流失和企业核心员工跳槽的危机,于是提出"让每个员工的头脑卷起风暴"的著名命题。适逢公司面临一个严重的问题,奥斯本为此组织了"头脑风暴"座谈会,成功地解决了该难题。头脑风暴法,又称智力激励法、自由思考法,它集中不同专业和背景的人,针对特定的命题无拘无束地提出解决方案,不必顾虑"荒诞""怪异",期间他人也不得进行非议,让设想互相启发,思想互相撞击,从而得到新构思、新创意和新方法。头脑风暴法是一种真正的集思广益法。由于群体决策时,群体成员心理相互作用和影响,易屈于权威或大多数人意见,形成不利于群体创造力发挥的群体思维,降低了决策质量。采用头脑风暴法,能使每一个参与者大胆提出设想,互

相启发,从而得出富有创造力的奇思妙想。

辅导员在教育管理过程中要积极利用头脑风暴法。辅导员应鼓励班委、学生会、学生社团在开展工作的过程中,采用头脑风暴法创新活动形式。举办文化艺术节等校园文化活动时,辅导员可指导组织者,召开由学生会骨干、学生社团成员、普通同学代表等参加的"头脑风暴"座谈会,同学们发表自己的看法,畅所欲言,经过讨论、总结,可以提出更新颖、更贴近实际、更受大学生欢迎的活动方案。在班级管理的过程中,辅导员也可鼓励班委召开"头脑风暴"座谈会,针对班级中出现的问题,集思广益,寻找解决问题的方法。

2. 超限效应

美国著名作家马克·吐温有一次在教堂里听牧师演讲。开始,他觉得牧师讲得非常感人,就掏出自己所有的钱准备捐款。过了十分钟后,牧师还没有讲完,他有些不耐烦了,决定只捐一些零钱;又过了十分钟,牧师还没有讲完,他于是决定一分钱也不捐。到牧师终于结束了长篇的演讲开始募捐时,马克·吐温由于气愤,不仅没有捐钱,反而从盘子里偷走了两元钱。马克·吐温由开始想慷慨捐钱转变为气愤进而偷走两元钱,是因为虽然牧师的演讲非常动听也非常感人,但他一而再,再而三地重复不停,再有耐心的人也会心生厌烦。这种由于刺激过多、过强或作用时间过久,从而引起心理上极不耐烦或逆反的心理效应称为超限效应。

某些辅导员在对大学生进行思想政治教育时,因为不了解超限心理效应,对同一个学生的不同思想问题用同一种方式或同一种话语进行教育,教育过程中针对一个问题喋喋不休、逞口舌之快,非但没有取得良好效果,反而会引起学生的反感。超限心理效应给辅导员的启示是:对学生的一次错误,只能批评一次。要避免对同一同学的同一个错误,重复同样的批评,即便要再次批评,避免重复同样的方式、同样的角度和同样的话语,要换一个角度和方式,避免同学感到对同一个错误"穷追不舍",从而减弱厌烦和逆反心理。辅导员要学会点到为止,给学生反省和反思的机会。

3. 手表定理

心理学中的手表定理,是指如果一个人拥有一只手表,他可以知道当时是几点钟,而当他同时拥有两只显示不同时间的手表时却无法确定时间。两只表并不能告诉一个人更准确的时间,反而会削减看表人对准确时间的信心。因此我们能做的是选择其中较令人信赖的一只,尽力校准它,并以此时间为准行事。

辅导员在进行思想政治教育时,要注意"手表定理"的现象。当今社会正处于转型期,文化与价值观趋于多元化。大学生在学校受到的教育是诚实守信、乐于助人、平等待人,有的学生由于深受社会不良思想的影响,安于享乐、作风散漫,有的同学则对社会和校园里价值观的巨大落差心生困惑和迷茫,在行为层面上表现得无所适从,有的同学由于长期陷入多种价值观的困惑甚至痛苦中无法自拔,心理发生严重问题。辅导员要成为学生思想的领路者,要教给学生明辨是非的方法,要教育学生面对多种相冲突的价值观,不要盲从也不要被错误的价值观迷惑,要按照一定的标准来衡量、评价,形成自己的价值观。

辅导员在进行班级管理时,采用的管理理念尽量保持始终一致,对同一个班级避免同时设定两个不同的目标,否则会造成班级的无所适从。在对学生的行为表现要求上,辅导员要多和辅导员或任课教师进行必要的沟通,对一些常见的问题观点尽量保持一致,避免因为教师们的观点不一致使学生感到困惑。在选定班级负责人时,辅导员应根据对候选人的考察和了解,采用民主评议的办法,尽量做到公平、公开,选拔真正有实力有竞争力的学生,培养他们成为班级的领导核心,避免出现有实力的同学形成多个班级核心的局面,削弱班级凝聚力。

4. 习得性无助

习得性无助是指个人经历了失败与挫折后,面临问题时产生的无能为力、丧失信心的心理状态与行为。习得性无助现象最早由美国心理学家 Martin Seligman 于 1967 年在研究动物行为实验中发现。他在实验中,将狗分成两组。先将其中一组放进有电击装置的笼子里,对狗施加相当痛楚的电击。最初,被电击的狗拼命挣扎,想逃脱笼子。但发觉无论如何努力也无法逃脱后,狗逐渐停止挣扎。然后,把这些狗放进带隔板的笼子里,隔板的高度可以让狗轻易跳过去。隔板的一边有电击装置,一边没有。实验发现,这组狗放进该笼子并受到电击时,他们除了最初惊恐一阵之外,此后一直卧地接受电击的痛楚。面对容易逃离的环境,这些狗也不再挣扎逃离。但是,当实验者把另一组狗直接放进一半有电击装置一半没有的笼子中时,这些狗全都能轻而易举地从电击一边跳到安全的一边。这种动物包括人在内遭受多次挫折产生的无能为力之感,心理学上称为习得性无助感。

大学生身上,特别是学困生身上,习得性无助表现得非常明显。一些大学生刚入学时无论对学业还是对班级集体活动表现得非常积极,充满信心。但当在学业、人际交往、集体活动以及感情等方面屡受挫折时,由于不能正确认识失败与挫折,不能正确归因,容易产生无助感,表现出消极应对、不思进取、萎靡不振的状态。这就要求辅导员对待学生要做到公平、公正。对学生的失败与挫折要给予积极建议和正确评价,摒弃冷嘲热讽、忽视等消极评价。要引导学生正确、积极地看待挫折,正确归因。辅导员应通过举办心理讲座、开展团体心理辅导等方式,提高大学生的心理素质,增强大学生抗挫折的能力。

5. 群体去个性化

群体去个性化是社会心理学的术语,指个体淹没在群体之中,减弱了社会对其的约束力,为个体从事反常的行为创造了条件。群体去个性化现象在生活中并不罕见,如球迷聚众闹事,课堂上学生群体起哄事件,以及网络上褒贬不一的人肉搜索。群体去个性化现象说明在身份不明确的群体中个人容易失去自我意识、自我监控,更容易做出超乎寻常的举动。社会心理学家认为,导致群体去个性化的原因主要有:匿名和责任分散。个体处于匿名状态,行为与活动不被他人感知或监督,因此降低了个人的责任意识,从而个人行为失去控制,做出异常的行为。

辅导员可以利用"群体去个性化"的积极作用。某些大学生性格内向、孤僻，缺乏自信心，辅导员可以多给他们创设匿名的情景或机会，鼓励他们多参加激烈的、热闹的集体活动，在活动中不断锻炼胆量和勇气，增强他们的自信心。在采纳意见或了解情况时，辅导员尽量采用匿名的方式，能让大家毫无顾忌地说出自己的真实想法。同时，辅导员要注意"群体去个性化"的不利影响。在新生入学伊始通过举办座谈会、主题班会等帮助学生了解相关的规章制度，让学生了解到自己应该承担的责任与义务。要加强对大学生的思想政治教育，提高大学生的责任感和道德感，增强学生的自我约束力，这样即使在外界存在强烈去个性化时，也能做出正确的判断，避免做出不寻常的行为。

二、心理健康教育实践的思考

1.我国大学生心理健康教育发展的历史脉络

我国大学生心理健康事业在新中国成立前就开始了。1933 年，沈履所著的研究青年心理问题的专著《青年期心理学》对青年了解自己的心理特点和发展规律有很大帮助。1937 年，丁祖荫、丁瓒翻译了美国勃洛克斯所著的《青年心理学》，介绍了外国学者的研究成果。为大学生心理教育提供了教材。新中国成立后，我国老一辈心理学家潘菽、朱志贤等探讨了青年心理发展的动力问题，为我国青年心理问题的研究奠定了科学的理论基础。1978 年以后，我国大学生心理健康事业展现出新的活力，一批研究青年心理的著作相继出版，开启大学生了解自己心理问题的大门，丰富了大学生的视野。

我国高校心理健康教育活动始于 20 世纪 80 年代中期，少数大学生思想政治教育工作者根据学生特点和工作实际，以国外教育实践活动为参考，自发尝试将心理咨询引入大学生思想政治教育中。浙江、北京、上海等地高校陆续成立了心理咨询机构开展心理咨询活动，但各高校的心理咨询工作尚处于完全自发的、松散的探索阶段，高校之间缺乏必要的联系与交流。1990年,中国心理卫生协会大学生心理咨询专业委员会成立,有力推动了全国大学生心理咨询广泛开展,同时也标志着我国高校大学生心理咨询进入了一个新阶段。此后多年间,大学生心理咨询活动得到加速发展。

2.大学生心理健康教育工作实践中的几点问题

(1)大学生对心理健康教育存在认识误区。笔者在从事心理健康教育工作实践中发现,由于对心理健康教育宣传不到位和受社会落后的心理健康观念的影响,仍有部分大学生对心理健康教育存在认识上的误区,对心理健康教育活动、心理辅导和咨询有回避和迟疑。具体表现在大学生在出现心理问题的时候很少选择向学院心理辅导员、学校心理咨询师求助,中国青少年研究中心的调查报告显示,出现心理问题时,大学生通常选择朋友、父母、同学、恋人作为倾诉对象,只有3.2%的大学生选择向心理咨询师倾诉。此外,在进行新生心理普查中,少数大学生担心暴露自己的心理问题后被视为异类,并不如实填写心理问卷。

(2)大学生心理健康教育课程体系亟需完善。目前,部分高校未能根据不同年级大学生的心理特点和发展需要,开设相应心理健康教育必修课程。虽然开设了心理健康教育选修课程,但是因为课程种类少、学分少、课时少、选课学生多,无法满足广大学生的需要。而在心理健康教育教学中也存在学科化倾向。在教学实践中,一些教师不懂得如何开展心理健康教育课,只是机械套用传统学科课程教学模式,导致心理健康教育教学过程成为纯粹的心理学知识学习过程,教学形式单一,课程考核流于形式,忽略了心理健康教育课实践性、活动性和互动性的特点,难以调动学生的积极性,无法真正发挥学生的主体性和能动性,难以满足学生的心理需要。

(3)大学生心理健康教育工作队伍建设薄弱。大学生心理健康教育工作专业性较强,对心理健康教育工作队伍中的教师素质要求较高。心理健康教育教师不仅要了解系统的心理学知识,接受心理辅导的专业训练,熟练掌握心理测试技术和心理辅导方法,而且应具备较高的个人素质和修养。组成高校心理健康教育工作队伍的人员主要包括:专职教师、辅导员。

其中,大多数教师未曾接受正规的、系统的心理学知识与技能的培训,在开展心理健康教育过程中,存在一定的盲目性,尽管教师个人有良好的意愿,却难以取得良好的效果。此外,大多数高校的心理健康教育工作队伍人员不足,从事心理健康教育的教师面对数量相对庞大的学生群体,在开展团体心理辅导等心理健康教育活动中往往会受到活动规模的限制,无法惠及广大同学,影响了心理健康教育提升广大大学生心理素质的效果。

(4)学生骨干的作用尚待加强。学生骨干是学校多级心理危机预防系统中的重要组成部分,是心理健康教育的重要参与者。目前,学生骨干的工作能力尚需提高。学生骨干尤其是班级心理委员、宿舍心理安全员由于缺乏足够的心理学知识,判断心理危机的能力和专业敏感性有限,未能及时发现和反映有心理危机学生。有的学生骨干对自己的职责不明确,而且由于心理工作在某种程度上是隐形的、个人的,开展现实工作存在一定的挑战,相比其他工作不容易出成绩,因此心存畏难情绪,积极性不高。

3. 推进大学生心理健康教育的方法与对策

(1)转变大学生心理健康教育认识误区。教育部印发的《关于加强普通高等学校大学生心理健康教育工作的意见》明确指出,"高等学校大学生心理健康教育工作的主要任务是:根据大学生的心理特点,有针对性地讲授心理健康知识,开展辅导或咨询活动,帮助大学生树立心理健康意识,优化心理品质,增强心理调适能力和社会生活的适应能力,预防和缓解心理问题。帮助他们处理好环境适应、自我管理、学习成才、人际交往、交友恋爱、求职择业、人格发展和情绪调节等方面的困惑,提高健康水平,促进德智体美等全面发展"。心理健康教育面对的是大多数心理健康的学生,重点关注少数心理异常或心理障碍学生。高校要通过校报、橱窗展示、板报、校园广播、电台等宣传途径,大力宣传心理健康知识,鼓励大学生像关注身体健康一样关注心理健康,积极参加心理健康教育活动。高校应大力加强对心理咨询的宣传力度,广泛而有策略地推行心理咨询,消除大学生对心理咨询机构的认识误区,鼓励大学生遇到心理问题时向专业的心理咨询师、心理辅导员进行求助。

（2）完善心理健康教育课程体系。课堂教学是开展心理健康教育的主阵地，是全面推进各项心理健康教育工作的重要途径和方法。通过课堂教学，能使大学生深刻认识到心理健康的重要性，掌握心理健康知识和应对心理压力的技巧，提高心理自我调适能力，增强互助和自助的意识。高校应建立以心理健康教育必修课为主，选修课为辅，心理讲座等为补充的课程体系。要根据不同年级学生的心理特点和发展需求，明确教学目标和教学内容，提高心理健康教育课程的针对性。尤其要重点关注新生和毕业生，因为他们处于人生重要的转折点，面临困惑和问题较多，应分别开展涵盖学习、人际关系、情感、职业生涯规划、就业心理指导等内容的心理健康教育课程，提高他们的心理调适能力。在教学过程中，要分清传统学科和心理健康教育课程在课程目标、课程内容、课程实施过程、课程评价等方面的区别，掌握心理健康教育的教学特点和教学方法，提高大学生对心理健康教育的兴趣。

（3）加强心理健康教育工作队伍建设。要加强心理专职教师、辅导员等主要心理健康教育工作队伍的培训，督促其在实践的基础上通过不断学习努力提高工作能力。尤其要加强心理辅导员的培训，因为心理辅导员是学院心理健康教育工作的直接组织者和指导者，在参与心理健康知识宣传，组织心理健康活动、协助心理健康状况普查以及进行心理危机预警和干预等方面都起着重要作用。鼓励心理辅导员阅读相关心理学知识的书籍，学习系统的心理学知识。为心理辅导员定期举办专题性讲座、辅导班，开展与兄弟院校辅导员和心理学方面专家、教师的交流，了解大学生心理健康教育工作的新形势和新资讯。

充分整合本校资源，扩充心理健康教育队伍。如聊城大学尝试设置了助理心理辅导员，选拔优秀的心理学专业研究生来担任。助理心理辅导员配合心理辅导员积极开展心理健康教育工作，为心理健康教育活动的开展提供了专业支持，取得非常好的效果。

提高学生骨干工作能力。选拔对心理学感兴趣、责任心强、能力突出的学生骨干担任学校或学院心理社团干部、班级心理委员、宿舍心理安全员等，在工作中加强关怀与指导，帮助其克服畏难情绪。明确各级学生骨干的工作职责和工作内容，设置考评奖惩机制，督促各级学生骨干不断自学心理学知识和技能，定期开展岗位职能、心理学知识、个人成长、朋辈互助基本技能等的培训，提高其专业水平。

（4）完善心理危机预警与干预体系。每年开展新生心理普查，做好心理普查的宣传工作，要求学生认真如实填写，确保普查结果的真实有效。建立学生心理健康档案，筛选出有心理困扰和适应不良的学生，识别出有抑郁症、精神分裂等高危学生人群，辅导员通过约谈和侧面了解，进一步了解筛查学生的心理健康状况，有针对地开展干预和援助，尤其对心理高危学生，要及时预约心理咨询室，由专业的心理咨询教师对其进行面对面的心理咨询，以缓解心理危机，促进其自我成长。完善心理危机预警安全网络体系，充分发挥学生骨干的积极作用，及时发现与上报心理危机学生，保证信息渠道的畅通。

（5）创新活动形式，提高心理健康教育活动有效性。充分利用"525心理健康节""主题心理活动周"等契机，开展"心理电影展播""心理沙龙""心理情景剧""心理漫画大赛""心理运动会"等丰富多彩的校园文化活动，鼓励大学生通过参加各种校园文化活动，锻炼自己的胆识，增强自信心，促进心智和才智的健康发展。

要不断创新活动形式，开展学生喜闻乐见的心理健康教育活动，调动大学生参加心理健康教育活动的积极性。如开展大学生心理素质拓展训练，由于其具有情境性、主动性、自我教育性、个体差异性和实用性等特点，能促进大学生身心健康发展，提高大学生学习的积极性，培养大学生坚强的意志和团队精神，符合大学生的心理特点，对大学生有很强的吸引力，是非常有效的、新颖的活动形式之一。积极开展"读书月""书友会"等活动，根据不同时期大学生的心理特点，向大学生推荐内容健康向上、思想性强的文学作品,鼓励大学生通过阅读缓解心理压力,提高自我心理调适能力,达到预防心理问题的效果。

三、音乐修养对心理素质的培养

目前我国大学生的心理状况不容乐观。随处可见的消极情绪困扰着当代大学生的心理健康,有一些大学生甚至将"郁闷""寂寞"等流行词汇作为身份认同的一种标签。如何提高大学生心理健康素质成为一道刻不容缓的命题,亟待我们去解决。提高大学生的音乐修养,不仅使大学生在学习之外有了更科学更健康的学习娱乐方式,也能使大学生的情感得以陶冶,思想得到净化,品格得到完善,不良情绪得以释放,从而使身心得到和谐发展。本部分以研究音乐修养的本质、属性及其社会功能为切入点,结合当代大学生心理健康特点,研究探索一条适合当代大学生心理健康教育的有效途径。

1. 音乐对大学生心理素质培养的重要意义和积极作用

音乐,是一种非常适合表达思想情感且极具表现力的特殊沟通方式,音乐能够以真挚、生动、深刻的感情去拨动人的心弦,比其他艺术能够更直接、更有力地"使人的心灵爆发出火花来"(贝多芬语),它的节奏与乐调有强烈的力量侵入心灵最深处(柏拉图语)。音乐修养的力量在于它不仅以鲜明生动的艺术形象去感染人,更重要的是能提高个体的综合素质,最终达到个体全面发展和自我完善的崇高目标。比如,引吭高歌可以宣泄情绪,是人们表达情感的有力武器。音乐作为一种直接的宣泄方式,能够及时把潜意识的内容透露出来,帮助大学生发现问题,认识自我,是一种合理宣泄不良情绪的有效方式,对调节情绪有很大的帮助。

2. 音乐修养对大学生心理素质培养的措施

(1)通过音乐作品的欣赏来净化大学生心理素质。在音乐欣赏过程中,我们对其整体感知的最直接反应都是情绪性质的,因此针对大学生心理健康的特点,在适当情绪反应的同时我们可以调动储存于内心的种种精神体验,更深入更丰富地感悟音乐感悟人生。一些经久不衰的作品激励着一代又一代的人们。王莘词曲的《歌唱祖国》作为新中国成立初期的歌曲代表作,其内容表现了中华人民共和国朝气蓬勃、蒸蒸日上的新面貌,记录了刚刚解放的中国人民雄伟前进的步伐,是一首具有深刻思想性和高度艺术性的祖国颂歌,让在校的大学生们更加珍惜生活、热爱祖国,以积极饱满的热情投身到建设祖国的光荣队伍中,不辜负祖国及社会对大学生们的精心培养。又如大家熟知的小提琴协奏曲《梁山伯与祝英台》,表现了梁祝这对青年男女的忠贞爱情和对封建宗法礼教的控诉和反抗,化蝶的描写富于浪漫主义色彩,反映了人民的愿望和理想,旋律优美,色彩绚丽,通俗易懂。结束了一天的学习之后品味另一番浪漫而优美的旋律,既丰富了课余生活又陶冶了情操,心灵得到了净化,人格得到了升华。比起格调低下的杂志及错误观点的书籍报刊、影视作品,优秀音乐作品的赏析是心灵上的一次彻底的净化。

(2)通过优秀的音乐人物形象塑造大学生的心理素质。音乐家认为音乐艺术具有深邃的精神内涵,对于音乐内涵的体验不仅是从音乐本身,而且还要从音乐之外更广阔的社会生活和人文背景中加以追寻。当代大学生们,为了在竞争激烈的高考中获胜,几乎把所有的精力都用在复习迎考上,在家长的过度保护中成长,生活经验严重匮乏,一旦进入了大学,宽裕的课余时间使大学生个人意志懒散,不少同学毫无追求,随波逐流。通过典型人物的学习,有意识加强培养和锻炼,能塑造良好的心理素质。比如,被誉为"音乐神童"的莫扎特,从5岁开始创作,一生命运多舛,但仍然坚持创作。从歌剧创作到器乐创作,每一部作品无不包含着他闪烁的智慧和艰辛的历程。又如名垂千古的乐圣贝多芬,他的九大交响曲与众多不同体裁的音乐作品都是人类文明的高度结晶。早年的贝多芬虽然没有莫扎特幸运,但是面对粗暴的父亲、破落窘困的家境,又加上耳聋病症所带来的无法形容的痛苦,病痛的加剧使贝多芬极其绝望以至想放弃生命,但最终战胜了自己的沮丧,对艺术的崇高信念使他继续在不幸中生存和奋斗,恶劣的环境,却培养并增强了贝多芬顽强坚韧的性格。对于在校的大学生们无不是正面激励的素材。在经历挫折和困难的时候,不要怨天尤人,而是要从逆境中走出来勇敢地面对。

(3)通过音乐表演活动提高大学生心理素质。大学生是青年中的佼佼者,受到社会的称赞、父母的宠爱、同龄人的羡慕,容易产生一种优越感和自豪感,表现出强烈的自尊心。然而,大学里人才济济,高手如林。除了学习,还有各种各样丰富多彩的课余生活,为同学们培养和展现自己的才华提供了舞台。而音乐表演活动,不仅要求表演者要善于调动自己的情感积累,唤起真实的情感回忆,而且在更多情况下,还要求表演者有意识地去体验自己从未经历过的,这样,音乐表演中的情感,就不仅是表演者自己平素的真实情感的投入,而是对远远超出个人生活局限的情感体验。通过音乐表演的学习可以使身心愉悦,满足大学生自我创造、自我表现、自我尊重的愿望,体会参与音乐活动的喜悦。

知识和技能只是有形的资本,意志和精神则是无形的力量。如何使得有限的知识和技能释放出最大的能量,开发出那些一直潜伏在身上,而自己从未真正了解的力量是我们一直在追求的。音乐修养可以成为大学生培养意志和精神的一种途径,激发自己的潜能,提高自身的素质和修养,尽可能发挥自己的主观能动性挖掘自己的潜能,从而升华为一种品质、一种内涵。因此,音乐修养在一定意义上有效地促进大学生的心理健康,提高自身的综合素质,进而为成为全面发展的优秀大学奠定坚实的基础。

四、治疗取向的艺术教育与心理素质培养

激烈的竞争,残酷的就业现状,理想与现实的差距等等一系列的问题给在校大学生带来激烈的心灵冲击。根据一项以全国 12.6 万大学生为对象的调查显示,约 20.23% 的人有不同程度的心理障碍。大学生心理健康问题成为社会和高校共同关注的焦点,《意见》指出要加强大学生心理素质教育和自尊、自爱、自律、自强的优良品格的培养,增强大学生克服困难、

经受考验、承受挫折的能力。高校和社会采用了多种途径提高大学生的心理健康状况,其中,艺术教育在大学生的心理素质培养中的作用已经得到越来越多的人的认可。艺术是人类思想、精神和道德的美的结晶。艺术教育以视觉艺术和听觉艺术为主要内容,具有形象性、感染性和愉悦性的特点,艺术教育具有观察与情感宣泄的功能,能够满足大学生特定的审美的需要,通过对大学生情感的净化与升华,完成对大学生审美意识的塑造,从而有利于大学生全面素质的培养和提高。治疗取向的艺术教育是通过整合艺术教育与艺术治疗的资源所实施的面向所有学生的心理成长指导。它以心理健康教育和艺术教育为基础但又不同于普通的心理健康教育和一般的艺术教育,其实施过程是以活动者为中心,通过化身于角色世界的"复演",帮助他们清除心中淤积的负性情绪和心理冲突,引导他们通过对艺术世界的认知,调整、重组自己的心理经验,以积极合理的、有建设性的态度认识生活的本质和自我的生命意义,以使其心灵更敏感,情感更丰富,情操更高尚,更具有创造性,进而拥有一个健全和谐的、富于诗意内涵的人格系统。基于艺术活动的心理功能和现代艺术治疗的理论与实践成果,将艺术教育与艺术治疗的理论与方法资源进行合理有效的整合、实现面向多数人的艺术心理教育不仅是可行的,也是必要的。

1. 艺术治疗的概念

艺术治疗(arttherapy),又称艺术心理治疗(art-psycho therapy),是艺术和心理治疗联姻的产物,是一门通过表现性艺术,如音乐、舞蹈、戏剧、诗词、绘画、雕塑、电影、书法等来进行心理诊断与心理治疗的学问。艺术治疗中的"艺术"是指可以通过自身的存在,触动人们对美的直观的一切活动及其产品。这种对心灵的触动往往表现为一种令人窒息的体验。这种专注是生命能量的滥觞。通过艺术创作,能够激发人的创造性和自愈能力。通过对作品的反观和再体验,能够深化和拓展艺术和美的意义。

艺术在人类心理帮助活动中的运用,历史悠久,可以追溯至史前的岩洞壁画,Wateson指出这些绘画表现了当时的原始人类对世界的观察和对生命的探讨。"可以说没有一个蛮族无审美的感情,没有一个不晓得装饰和音乐的。艺术的活动在蛮族中实在比在文明中较盛,它影响了较多的人,并构成了大部分的文化内容。在野蛮生活中,每一个人其实便是一个艺术家史前的艺术——艺术是与人类同范围的。"人类学家在研究澳洲毛利人本土文化的报告中说,毛利人任何层面的经济活动中,都伴随着艺术的成分,歌曲和传统舞蹈是毛利文化中不可缺少的部分,正是透过音乐、歌曲、雕刻品、编制技术等艺术形式,毛利文化得以代代相传。

人类学家的研究成果表明:在原始生活方式中,艺术和人的生活关系非常紧密。这种人与其天性的和谐之音,并非只在原始社会中才出现,现代生活也以另一种形式表现出艺术的美妙和谐。苏珊·朗格认为,艺术是人类情感的符号形式的创造。艺术家为了表现他的情感,除了创造可以诉诸感觉的形式之外,没有别的途径。如果他们的创造是成功的,那么,他们所创造出来的形式必然是独一无二的情感表现形式。他诉诸感性而不诉诸理性,它的功用是启示性的而不是陈述性的。只有这样一种在艺术作品中呈现出来的诉诸感性的形式,才称得上是艺术形式。

赫恩(YrjHirm)在其《艺术的起源——心理学及社会学的研究》中写到,艺术起源于艺术的冲动,而艺术的冲动是由于每种感情状态固有的向外表现的倾向,表现的结构能增加快乐,减少痛苦。由此可见艺术的起源是个人的冲动。但表现的结果还能够引起别人的同样的感情,而他们的同情心又影响了原来表现感情的本人,增强原来的感情。从这个方面说,艺术的起源同时具有社会性。

苏珊·朗格和赫恩的观点为艺术的心理治疗提供了支持。艺术和人的本能冲动以及情感的关联,是艺术治疗的基础。音乐、舞蹈、绘画等比语言更容易贴近心灵。人类起源之初,还未产生人类语言的时候,人类就已经运用身体动作,声音和模仿性图画表达和交流了,这种方式伴随了人类历史发展的每个阶段。随着人类社会的发展,艺术形式也已经和文化发展进行充分融合,更加符合人们的审美要求。这种融合表现在:艺术创作已经脱离原始人类或孩童的哭喊、雀跃、涂鸦等,它不再是情感的直接表露,而是通过自我的控制性操作,这种操作既促进了心灵的整合,又满足了自我情感表达和情绪发泄的需要。

总之,艺术具备心理治疗的既证即可以在史前时代的生活中找到,也存在于当今社会生活的思想中。从远古的史前岩洞壁画到微笑的蒙娜丽莎,从象征性的图画表达对大自然神秘和宇宙的敬畏,到以行为艺术寻找生命的意义和力量,艺术始终伴随人类心灵的进化,始终都是心灵的语言在现实生活中的体现。

2. 艺术治疗的分类

根据艺术治疗中运用的艺术形式不同,艺术治疗有不同的方法,常用的有音乐治疗、绘画治疗、舞蹈治疗、表演治疗等等。

(1)音乐治疗。音乐治疗是运用音乐体验的形式,帮助被治疗者达到心理健康的治疗方法。音乐可以影响人的生理和心理状态。从物理学和生理学上讲,音乐可以通过音响的作用影响人的生理功能。由于声音是声波的振动,声波是一种机械波,具有能量,当音乐响起时,声波振动作用人体的各部位,能使人体中的各个振动系统产生和谐共振,有益于各个器官的协调,有利于身心健康。不同的音乐可以使人的生理产生不同的反应,如心率和脉搏的速度,血压、皮肤电位反应、肌肉电位和运动反应、内分泌和体内生化物质(肾上腺岛素、去甲肾上腺岛素、内啡肽、免疫球蛋白)以及脑电波等。当优美的音乐声波经听觉器官转换成生物电信号作用于大脑时,会提高神经和体液的调节作用,促进分泌有利健康的激素,如酶和乙酰胆碱等物质,从而改善血液循环,调节内分泌系统,促进唾液分泌,加强新陈代谢等。音乐还具有明显的镇痛作用,由于大脑皮层上的听觉中枢与痛觉中枢的位置相邻,而音乐刺激造成大脑听觉中枢的兴奋可以有效地抑制相邻的痛觉中枢,从而明显减少疼痛,同时音乐促进内啡肽含量增加,也有明显减少痛苦的作用。从心理学上讲,音乐能直接影响人的情绪和行为。

（2）绘画治疗。绘画治疗是指以绘画为中介,帮助被治疗者达到心理健康的治疗方法。绘画心理治疗大师 Robin 曾对绘画疗法的作用机制做了较为全面的解释:人们的思维大多是视觉的,因此通过可视的绘画更有利于认识和解决问题;记忆可能是前语言的或者是禁锢的,人们的创伤可能被压抑,用语言无法提取,从而难于治疗。还有许多情绪体验的内容本身就是前语言的,不能为人们用语言所描述,也就无从治疗;阴暗面更容易通过绘画来表达,绘画本身是符号的和价值中立的,被治疗者可以自由表达自己的愿望和问题,这种表达具有隐蔽性,不受社会道德标准等方面的约束。那些不被接受的思想、情感和冲动,如果能被个体所觉察和接受,个体才可能把毁灭性能量变成建设性能量;绘画心理治疗过程包括心理治疗与创造两个平行的过程,除了心理治疗之外,创造过程也为被治疗者提供一种看待自己所面临问题的新方式。比如,当个体面对伤痛无力改变时,绘画可以帮助人恢复受伤的心灵。

（3）舞蹈治疗。舞蹈治疗,又称舞蹈/动作治疗,美国舞蹈治疗协会把它定义为"在心理治疗中通过运用舞蹈动作,以达到促进患者情绪和身体整合的目的"。舞蹈治疗有两个基本理念:①人的身体和心智是紧密联系的。人的心智方面的问题会在身体上反映为肌肉紧张和一些在强迫或约束下产生的动作模式,因而从身体的动作表面,我们能够看出一个人的内心状态。譬如,一个人紧缩着肩膀、弯曲着身子,这样的身体特征即显示着这个人正无意识地用身体把自己隐藏于世界之外。反过来,人的身体状态也会对人的心智产生积极或消极的影响。所以,身心的整合才能促成人的健康,身心的分离必然导致某种疾病的产生。舞蹈治疗的目的,就是寻求人身心的和谐。②创造（力）能够促进人的心理健康。这里所指的创造力,并非伟大人物特有的天赋或才能,而是每个普通人都具有的那种普通创造能力。从社会学的角度来看,这种普通的创造能力极其重要,它能使人获得满足感,消除受挫感,给人提供一种对于自己和生活的积极态度。在舞蹈治疗中,接受舞蹈治疗的人即是通过舞蹈动作中的创造活动,来获得自我满足感,建立信心并培养对自我价值的认识。

(4)表演治疗。表演治疗是艺术治疗的主要形式之一。广义的表演治疗是指包括"角色扮演"这一技术的任何形式的心理治疗性应用,如心理剧、格式塔、心理运动和交朋友小组等。狭义的表演治疗,是指利用即席创作和自发性角色扮演作为鼓励个人自我表达的手段。由美国当代心理学家、后现代心理学思潮的倡导者弗莱德·纽曼(Fred Newman)及其同事于20世纪70年代所开创。针对治疗者带来的各种各样的问题,表演治疗并不使用"问题与解决"的工作方法。从表演治疗的观点看来,生活是一个整体,如果只是试图改变生活中的某一个方面,或是解决某些问题往往是徒劳的,甚至比改变整体更加困难。因而不针对问题的治疗往往更能够有效地解决问题。表演治疗的方法,是为人们提供一种全新的生活工具,并引导人们建构出自己想要的生活环境,从而成为新生活的建设者。在这个过程中,人们会成长起来,而新的情绪、情感就会从新的活动中产生。表演治疗的作用机制是帮助人们成为生活环境的创造者。在创造环境的过程中,不仅能够使用现有的工具和技术,更重要的是学会自己制造自己的工具和技术。表演治疗不像其他的疗法那样"修正"人们的行为,行为修正是一种高度强制性的技术,无法从整体上改变一个人。而表演治疗是要帮助人们发展自己的创造性,从整体上改变生活。

3.艺术教育中的治疗取向对大学生心理健康培养的作用

艺术治疗除了具有治疗的功能,也是日常生活中人们自我认识、自我发展、自我实现的有效途径。由于艺术活动激发人们的自我表达、自我觉知和团体互动,因此,艺术治疗被视为帮助人们改变生活方式以及人格的方法。因此,高校在艺术教育的目标中注重治疗的取向,对大学生的心理发展将会有积极的影响。

近年来,以美国为代表的西方国家以及我国台湾地区倡导推行治疗取向的艺术教育。治疗取向的艺术教育,指在原有的艺术教育结构中,注入艺术治疗的精神,即以学生为本位,重视个别需要的教育。在艺术教育制度较为完善的台湾地区,专家指出,"艺术教育治疗化为提高现阶段台湾教育品质的必然趋势"。即强调艺术教师能注重学生的个别差异,识别学生的情绪困扰和异常行为的特征(无论从个别的行为举止或艺术表现上)。同时,善于利用艺术活动本身即具有的治疗功能,并将之运用到艺术课程的设计和执行上。当然,治疗取向的艺术教育并不鼓励未曾经过艺术治疗专业训练的艺术教师对特殊的学生枉下诊断或做更进一步的治疗干预。

4.治疗取向的艺术教育活动实施建议

高校中开展治疗取向的艺术教育,措施如下:

(1)转变思想,正确认识艺术教育。普通高校的艺术教育应以培养学生综合审美能力为核心,培养学生感受艺术、理解艺术及鉴赏艺术的能力,另外,艺术不能被当作知识来教,必须使学生通过情感体验转化成为自我自觉地再实践。通过审美这一基本的中心环节,提高学生感受生活美好事物的能力,加强学生的心理素质。

(2)开设必修课或公选课,重视艺术课堂教学。学生的审美能力只能通过一定的创造实践的锻炼才能得到发展,艺术教育的最佳形式是让学生亲自参加艺术实践活动。因此,普通高校应根据学校自身所具备的设施、条件、师资力量开设各种艺术选修课如美术、音乐、书法、摄影、戏剧、曲艺等,或开设一门综合性的艺术类课程作为必修课。通过制定切实可行的教育计划,进行严谨精当的课堂教学,使学生对艺术有较为系统、完整的了解,对艺术的各门各类、形式特点、风格流派以及社会作用等获得较全面的认识,并从欣赏古今中外优秀的艺术作品中获得积极的精神营养。

(3)加强校园艺术文化建设,开展丰富多彩的校园文化活动。开展各种校园艺术文化活动,有益于巩固艺术课堂的成果,有益于拓宽学生的知识面,有益于培养大学生的高雅品位,同时,通过鼓励大学生积极参与校园文化活动,能够提高大学生的沟通、协调、交际和组织等各方面能力,增强大学生的心理归属感与成就感,减少心理问题的发生。

（4）积极开展团体辅导形式的艺术治疗。在高校中开展团体辅导形式的音乐治疗、绘画治疗、心理剧治疗等，受众多、收效广，是一种比较有效的心理治疗方法。在艺术治疗过程中，通过音乐、绘画、舞蹈、心理剧等艺术活动，参与者能发泄自己的不良情绪，这种发泄方式更容易被社会所接受，因此，参与者能较容易放松心理防御，能比较放松地投入治疗当中去，从而容易接受治疗。同时，在团体辅导中参与者的相同、相似处境和共同探讨，能减轻大学生的拘束感和孤独感。

▶第十二章

对学生成长的认识

一、《穿普拉达的女王》对大学生的成长启示

《穿普拉达的女王》是一部由大卫·弗兰科尔（David Frankel）导演，好莱坞著名演技派影星梅丽尔·斯特里普（Meryl Streep）和安妮·海瑟薇（Anne Hathaway）主演的美国励志影片。影片以其轻松幽默的基调、积极向上的人生态度以及精致的影片质量成为票房黑马，顺利斩获美国第64届金球奖音乐/喜剧类最佳女主角奖项、第79届奥斯卡最佳女主角提名和奥斯卡最佳服装设计奖。影片节奏明快，情节轻松幽默又让人深思，人物个性鲜明，服饰时尚华丽，内容积极向上，非常符合大学生的欣赏特点。

影片讲述一个刚从大学毕业，梦想进入纽约记者行业的小城市女孩，因缘际会进入一家顶级时装杂志社担任总编助理一职，忍受了上司的刻薄与刁难以及办公室同事的傲慢与冷漠，用自己的努力和真诚赢得上司的赏识，却最终为了自己的理想和做人的基本原则放弃看来前程似锦、令人艳羡的工作，做回真实的自己。

身处象牙塔的大学生，同样面临人生中的诸多困惑与迷茫。面对梦想与现实的巨大差异，如何度过大学生活？离开父母、朋友的帮助和呵护，在全新的环境中，如何建立和谐的人际关系？如何积极应对接二连三的挫折？追求成功的路上，是否可以触碰做人原则的底线？通过女主角安迪·桑切斯的成长经历，大学生们可以得到深刻的思考和启示。

1. 积聚实力，赢得职场敲门砖

影片中安迪·桑切斯是名牌大学毕业生，立志到纽约当一名记者。大学期间，曾经担任校报主编，并赢得全国大学生记者竞赛头名。安迪应聘顶级时尚杂志社的总编助理一职，没有迷人外表的优势，没有接触过时尚杂志，对时尚也没有自己独特品位和见解，但是因为她出色的个人简历和她的极力争取打动了严苛的时尚总编米兰达，成功应聘到众人羡慕的职位。

许多大学生对大学生活充满迷茫与困惑。一些大学生进入大学之后，失去了人生目标，尤其面对当前的就业难问题，一些大学生存在"学习无用论"的想法，产生厌学情绪，甚至沉溺于恋爱、游戏中，虚度光阴。安迪的成功求职说明了大学期间积聚实力的重要性。大学生应该尽早设定人生目标，思考为了实现这个目标应该学习哪些理论知识，参加何种校园活动和社会实践。即便这个目标是模糊的，未定型的，在不断地探索、思考和实践过程中，模糊的目标会变得越来越清晰，曾经的积累和经历也会成为人生宝贵的财富。

2. 真诚付出，建立和谐人际关系

和谐的人际关系是大学生自身成长与发展的需要，是大学生良好个性和心理健康的表现。懂得建立和谐人际关系的大学生能够迅速适应大学生活，在与同学交往时能恰如其分地评价自己，时时感受到自己被他人喜欢、接受和承认，对他人和集体有亲密感和依恋之情，能保持心境平和，遇事比较冷静，能调节和控制自己情绪，适度表达自己的喜怒哀乐，对不良情绪有良好的控制和宣泄等。尽管每个大学生都渴望建立和谐的人际关系，渴望被接纳、被肯定，但是很多大学生存在人际关系适应不良的问题。一些大学生因为自己的外表、家庭条件等其他方面的劣势而敏感自卑，因为其他同学无意的一句话或一个眼神，感觉自己的自尊心受到伤害，因为自己的真诚待人没有得到回报就心灰意冷，因为他人在才能、名誉、地位、境遇等方面超过自己而产生强烈的嫉妒情绪，等等。安迪处理人际关系的方

法给大学生提供了很好的借鉴。

影片中,安迪就职的公司氛围不可谓不冷漠。初次见面,艾米莉就当面嘲笑她朴素过时的穿着,甚至不屑于把她介绍给别人。奈杰尔则毫不客气地指责她早餐吃的洋葱味儿面包圈臭不可闻,当面讽刺安迪不注意控制体重,穿着土气。安迪并没有因为同事嘲笑自己朴实的穿着敏感自卑,感觉处处不如别人,也没有对同事心生芥蒂,相反,安迪欣然接受自己随意和朴实的穿衣风格,坦然面对同事的嘲讽。始入公司,安迪对同事们非常友好,但同事艾米莉则始终与安迪保持距离,说话冷冰冰、颐指气使。上司米兰达更是飞扬跋扈、傲慢无礼,甚至强人所难。但安迪真诚善良对待别人,不计较艾米莉的冷漠,不嫉妒艾米莉的地位和待遇比自己好,在慈善宴会上为艾米莉解燃眉之急,对上司米兰达忠心耿耿。安迪的真诚和善良终于让她拥有了奈杰尔的友谊、米兰达的信任和艾米莉的感动。影片最后,辞职之后的安迪打电话给艾米莉,送给她心仪已久的衣服,电话里的艾米莉听起来依然傲慢冷漠,但放下电话后却心受感动。尽管偶遇的米兰达没有回应安迪的致意,但这个挑剔的总编却给了安迪一个公正的评价和内心的微笑。

安迪建立良好的人际关系得益于她对自己正确的评价,能充分了解自己的优点,也能接纳自己的缺点,不自卑、不敏感、不多疑,也就不在乎同事对自己服饰的嘲笑。与人交往时,在积极情感的支配下与人相处,用热情、真诚、善良、宽容和乐观的心态面对他人,而不是冷漠、嫉妒、悲观、怀疑,所以,安迪不会因为同事的冷漠而沮丧、嫉恨、失望。能考虑和尊重别人的感受,所以安迪没有因为替代艾米莉而欣喜若狂,并且对再次离婚的米兰达充满同情。

3.挫折面前,勇敢面对

随着我国政治、经济体制改革的深化,尤其是市场经济体制的逐步建立,社会竞争日趋激烈,大学生在学习、生活、人际交往和就业方面的压力也越来越大,导致心理问题逐渐增多。近年来的调查结果表明,当代大学生依赖性较强,抗挫折能力总体较弱,心理承受能力较差。一些家庭经济条件优越的大学生进入高校后,由于远离父母、家人、朋友,面对完全陌生的环境,在困难和挫折面前,没有父母的扶持和朋友的帮助,一切都靠自己,感觉无法适应大学生活。一些贫困大学生则因为家庭经济状况较差,吃穿用度等方面不如别人产生强烈的自卑感。还有一些成绩优异的学生,习惯了老师的表扬和同学的追捧,在不以成绩论英雄的大学里感觉自己失去以往的关注,深感失落。面对挫折,面对困难和障碍,重要的不是担心如何避免,而是如何尽己所能,想方设法应对。安迪面对挫折的态度让我们深思。

影片开头,一只大手擦掉镜子上的水汽,头发乱蓬蓬的安迪大大咧咧地刷牙,随后是安迪和时尚精致的美女在衣着、妆容、早餐、出行上的强烈对比,预示着这个简朴的普通女孩即将面临生活习惯、价值观的巨大反差。面试不是一帆风顺的,米兰达的助手从一开始就否定了这个女孩,面试最初傲慢的米兰达对安迪并不是很感兴趣,气氛很不友好,但失望的安迪没有放弃,而是鼓足勇气展示自己的优势。工作过程可谓是一波三折,战战兢兢。新人安迪不会接电话,听不懂时尚名词,工作内容简单乏味,包括给上司买咖啡、买早餐、订酒店,修刹车,为上司的家人购物甚至遛狗。工作内容和所学专业相去甚远,辛苦工作收入却不够支付房租,面对亲人的不解,好强的安迪决定忍受一年,积累经验,然后跳槽,但在这一年里,决不能被工作打倒。在努力工作得不到肯定,工作失误被责骂得体无完肤后,委屈的安迪向奈杰尔诉苦,得到的不是热情温暖的安慰,而是冷静地提醒,奈杰尔的话意味深长:不热爱工作,不付出努力,不停抱怨上司态度恶劣,就像小学生渴望得到小红花一样期望得到上司肯定,那简直是天方夜谭。如梦初醒的安迪开始审视自己的工作态度,改变工作思路,变被动接受为主动出击,做事更细致全面超前,努力适应环境,成功融入了严苛的工作环境。

安迪的经历给大学生的启示:①挫折是人生中不可避免的经历,尤其是进入一个陌生、全新的环境,比如离开高中校园开始大学生活,或者是离开大学校园进入社会。面对未知的世界,积极用心学习,度过一段艰难的适应期之后,就可以从容应对环境、人事、生活方式的转变。②面对嘲讽和轻视,面对不如意,抱怨和退缩都是没有用的,改变自己的消极态度,积极面对困难,寻找解决的办法,不断磨炼自己,个人才能成长,挫折和磨难也就会转换为人生中的一笔财富。

4. 看清自己,坚持做人原则

大学生的生理、心理趋于成熟,人生观、价值观和世界观极易受到外界影响。由于社会正处于转型期,思想观念日新月异,多种价值观念并存,这一方面开阔了大学生的视野,激励他们产生创造的激情与灵感,另一方面也加剧了大学生的狂躁不安和无所适从。如何坚持做人的基本原则,提高自己判断是非的能力,培养正确的人生观、价值观和世界观,是每个大学生必须面对的课题。

影片中,安迪的急流勇退令人深思。安迪凭借自己的聪明才智和勤奋努力通过了种种严酷的考验,取得米兰达的信任,替代艾米莉成为总编第一助理,跟随米兰达参加繁华富贵、名流如云的巴黎时装盛会,意气风发,前途似乎不可限量。单纯快乐的安迪很快陶醉在流光溢彩、浪漫繁华的巴黎,忘记了尽职尽责的艾米莉被自己挤掉的惨状,忘记了与相恋相知的男友的爱情,直到安迪看到趾高气扬的女强人米兰达面对失败婚姻的辛酸和凄凉,看到强势的米兰达也有可能被他人算计被辞退掉,看到米兰达为保住自己的位子不惜牺牲任劳任怨、有才华的老部下奈杰尔的前程,安迪在看透时尚界的浮华、虚伪和欺骗之后,开始审视自己。留在众人瞩目、浮华虚伪的时尚界,安迪几乎完全失去了个人时间,失去了和亲人交流和相处的时间,失去了朴实的本色,甚至需要自己改变做人的本性,像米兰达一样通过不择手段争取高位。安迪坚定和释然了,她已经证明了自己有能力完成米兰达的苛刻要求,已经证明了自己的价值。时尚界可以让一个人改变很多,但是,做人的原则是无法改变的,安迪带着自己的坚持决然地选择离开,重拾素面朝天的生活,做回真正的自己,为自己热爱的记者梦想奋斗。

每个人都渴望取得成功,希望到达幸福的终点,在通向成功的路上,无时无刻不充满诱惑和荆棘。就像安迪也曾迷失在浮华的时尚圈,校园的大学生也难免受到社会不良之风的侵扰,如社会责任感、义务感的淡漠,见利忘义行为的增长,人际交往中利用性、实惠性的滋生,甚至拜金主义、享乐主义和极端个人主义的出现,等等。耳闻目睹这些不良现象,一些大学生对自我对世界的理解和认识产生强烈的碰撞,内心产生激烈的矛盾和冲突。作为一名有情操、有理想、有道德、有文化的大学生,应该学会明辨是非,学会洁身自好,学会用辩证思维方法看待问题,树立远大的理想,树立正确的人生观、价值观和世界观,从而最终到达属于自己的幸福终点。

二、艺术专业大学生自我约束力的培养

随着中国经济社会的飞速发展,多种文化思潮的冲击,信息传播的快捷和信息量的泛滥,高校大学生的思想政治教育工作面临着越来越多的挑战。高校艺术专业大学生既具有普通高等院校大学生的共性,又有其自身鲜明的个性和特点。在艺术专业大学生的教育和管理中,辅导员起着非常重要且不可替代的作用。自我约束力是指人们用自己的思想控制自己行为的能力。培养自我约束力就是要培养一个人优秀的、健康的、规矩的言行举止和正确的思维方法。有针对性地培养艺术专业大学生的自我约束力,会使辅导员在思想政治教育过程中起到事半功倍的效果。

1.艺术专业大学生的特点

(1)思维活跃,理想信念薄弱。艺术专业大学生由于长期从事艺术文化的各个专业,性格大多活泼开朗,聪明伶俐,思维活跃敏捷,比较情绪化,有些时候缺乏对问题的深度思考。他们对生活充满激情,富有创新精神,情感丰富,爱憎分明,充满浪漫主义和理想主义色彩。但大部分艺术专业学生文化基础较弱,理论基础较差,考虑问题时容易偏激,脱离实际。热爱专业技能,但对国际国内时事新闻较少关注。重视专业技能训练,但热衷

艺术夸张和自我表现,理想信念较薄弱,世界观、人生观和价值观容易受到不良思潮影响而偏离正常轨道。

（2）张扬个性,组织纪律观念淡薄。同自然科学和人文科学不同,艺术的风格化、个性化特点尤其突出,艺术教育特有的办学模式、授课方式以及名师名家的思维方式往往是以个体为本体的,注重个人的感悟、喜好,以自我为中心,无形中培养了学生的个体意识和自我意识。因此,艺术专业大学生普遍存在个性张扬,但集体观念和纪律观念较弱,生活作风随散的现象。具体表现在:集体活动迟到、早退,旷课较多,不太注重公共卫生和宿舍内务整理,晚归、外宿现象较多,上课时间或晚上外出兼职打工现象较多,等等。

（3）成功成才意识强烈,艰苦奋斗意识较弱。艺术专业大学生深受名师、名家指点,常以名作名曲为伴,立志成才、积极进取、渴望成功的意识较强。因为专业学习过程中,不仅有彪炳史册的大师屹立在前,也有卓然优异的师哥师姐榜样在后。而成功成才带来的不仅是艺术家的光环,还有种种的实际利益,这些都内化为音乐类大学生追求成功追求卓越的内在心理驱动力。然而,渴望成功的意识固然强烈,实现成功必须付诸长期艰苦的实际行动。艺术专业大学生普遍存在生活作风随便,自我控制能力差,艰苦奋斗意识较弱的现象。

（4）社会实践活动能力强,受社会负面影响较深。由于专业学习需要,许多艺术专业大学生在高考之前就到各高校参加考前辅导班,到各地参加各高校单独命题的专业考试,接触社会较早。进入大学以后,由于大学校园以及高校相关关系单位对艺术文化的需要,相对于文科类与理科类的大学生,艺术专业大学生有更多的机会参加校园文化活动和社会实践活动。而且,许多艺术专业大学生或者在校园外的私人艺术学校代课,或者去商场卖场商演,或者在餐饮茶楼打工,因此,具有较强的独立生活能力、较丰富的社会经验和较强的社会实践能力。与此同时,由于艺术专业大学生人生经历尚浅,人文素质薄弱,对社会上的是非对错认识模糊,对一些负面因素抵制能力较差,受负面影响较深。

2.培养自我约束力对艺术专业大学生的重要意义

（1）有助于养成坚强的意志和优良的品格，帮助学生树立正确的人生观、价值观。提高大学生的自我约束力，在面对生活、学习中的困难和挫折的时候，学生才能有坚强的意志和优良的品格，努力去克服而不是推脱责任或者萎靡不振、自甘堕落。在经历了必要的困难和挫折之后，学生才能逐渐认识到个人的价值以及应该承担的社会责任，从而树立正确的人生观、价值观和世界观。

（2）是学生取得良好学习成绩，练就过硬专业基本技能的有力保障。具备良好的自我约束力的学生能遵守课堂纪律，自觉接受老师在专业学习上循序渐进的引导，认真完成老师布置的各项学习任务，虚心和老师同学们进行交流和沟通，能逐渐培养良好的学习兴趣并形成良好的学习习惯。可以想象，一个连自己专业指导教师教诲都听不进去，布置的课后学习任务一点不完成的学生是不会取得好的专业成绩的。有的学生由于缺少自我约束力，不仅考试成绩不佳还非常容易发生严重违反考纪考规的行为，从而在自己的人生成长过程中留下永久遗憾。

（3）有助于营造和谐、健康的学习生活环境。具备良好的自我约束力，学生就会在日常的集体学习生活中较融洽地开展人际交往，能做到言行举止得体大方，心态平和，不会因为一些琐事斤斤计较，睚眦必报，从而避免一些不必要的争吵。在学校中，学生出现的大部分问题几乎都是因为自我约束力放松、自律能力不强导致的言行举止失控造成的，绝大部分出现问题的学生在事后都会对自己因为不加约束的言行而导致的严重后果后悔不已。因此，培养良好的自我约束力，学生无论在教室里、在宿舍中、在校园里甚至是校园外都会很好地把握自己的一言一行。此外，具备良好的自我约束力，学生就会自觉遵守国家的法律法规、社会道德规范以及学校学院制定的相关规章制度，自觉服从领导和老师的安排，接受社会、学校、家庭的关爱与教诲，自觉营造和谐、健康、向上的校园环境。

3.辅导员在培养艺术专业大学生自我约束力中的作用

（1）全面了解学生，处理问题做到因人因事而异。培养艺术专业大学生的自我约束力，就要全方位了解学生的基本情况，寻找学生的个性差异，做到因人因事而异，有的放矢，决不能一概而论。高校学生来自全国不同的地方，在社会关系、生活习惯、经济状况、家庭背景、成长经历、兴趣爱好等各方面都存在着一定的差异，这种差异会导致学生在入校相当长的一段时间内对某些问题的认知产生一定的分歧。如果这种问题处理不好的话，会诱发同学之间、师生之间出现隔阂、产生矛盾。所以，要想对学生进行更为有效的培养，就要认真分析他们、理解他们，能够清楚了解他们某些言行的初衷，对症下药，才能解决问题，达到教书育人的目的。

（2）进一步加强对学校制定的相关规章制度的学习。提高艺术专业大学生的自我约束力，必须加强大学生们对学校制定的相关规章制度的学习。在实际中经常遇到这样的现象：某位学生犯了错误，你问他为什么这样的时候，他会说："我不知道这样做是错误的。"高校相关的规章制度对大学生的职责、权利以及义务等方面都有较明确的规定，比如《普通高等学校学生管理规定》中明确指出大学生的权利与义务以及学籍管理的相关条款，《违纪处分管理规定》则详细指出大学生的违纪行为和相应的处分和处理。只有认真学习这些规章制度，清楚了解大学里的"必为""可为"和"不可为"，学生才能遵守学校的纪律，努力完成学业。笔者在实践中发现，将学校的相关规章制度的学习作为入学教育的重要组成部分，在入学伊始进行强化学习以及组织相关考试，对提高艺术专业大学生的自我约束力有着非常明显的效果。

（3）要重视先进事例的树立与宣传，更要充分利用反面事例对学生进行警示教育。对大学生进行正确的引导是非常关键的，有时候大学生对事情认识比较模糊，模棱两可，这时候辅导员就要对大学生进行正确的引导，树立各方面的先进典型，明确学习的目标与方向，通过这种形式会帮助大学生进一步坚定立场，认清问题的实质，从而取得良好的教育效果。树立先进事例,重视鼓励那些具有良好自我约束力,在各方面表现优秀的学生,进一步激发其他学生努力做到严于律己,向优秀的学生学习的激情。与此同时,教师也要重视反面事例对学生心理的触动,因为在对反面事例的阐述与分析过程中,会让学生直面由于自我约束力的缺失而产生的严重后果。为了避免让学生重蹈覆辙、吞咽苦果,进一步提高自我约束力,不犯同样的错误,进行有针对性的反面事例教育是非常必要的,并会取得积极的效果。

(4)教育管理方法要灵活。艺术专业大学生大多具有思想活跃、感性,性格活泼、开朗,表现欲望强,个性张扬鲜明,不拘小节等特征。虽然有极少数的学生身上存在着自由散漫、眼高手低、漫无目标等不好的习性,但绝大多数学生还是非常珍惜学习机会,有着明确的学习目标和追求,努力积极上进的。因此,作为辅导员在教育管理的过程中,要充分利用艺术专业大学生富于感性易于被感染的特点,灵活地进行处理,既要严格要求学生,同时又要做到尊重学生,并坚决杜绝教育管理方法的僵硬呆板和缺乏人文关怀,让学生心悦诚服,从心底里受到感染和启发,只有这样才能够消除学生的逆反和敌对情绪,并促使学生进一步努力提高自己的自我约束力,把主要精力放在专业学习上,积极进行艺术实践。

(5)辅导员的以身作则。"学高为师,德高为范",专任教师、辅导员自身的品德、行为对大学生具有示范和榜样的作用。由于艺术专业大学生的专业技能课采取的多是师生面对面、单独的授课模式,专业教师与学生接触较多,相处时间较长,感情纽带较深,专业教师的人格魅力、师德、师风对学生的行为和思想影响尤其深远,专业精湛、师德高尚、严于律己的专业教师能督促艺术专业大学生自觉提高自我约束力,我们可以称之为"专业课堂上的辅导员"。同时,辅导员负责学生的日常思想政治教育工作,是和学生在课外生活中接触最多的人,课堂以外的各种实践活动都与辅导员息息相关。所以,辅导员和辅导员的个人素质和道德修养水平的高低都会对艺术专业大学生产生深刻的影响,认真负责、作风硬朗、品质端正、处事公平的辅导员能够耳濡目染地感染学生,进一步提高学生的自我约束力。

三、高校贫困生的精神资助

高校贫困生是指由于家庭经济困难难以支付学费,就读期间享受国家和有关部门、省、市政府以及高校规定的国家助学金、助学贷款、特别贫困学生补助和减免学费等待遇的大学生。目前高校已基本建立以奖学金、助学贷款、勤工助学困难补助、减免学费为主体,辅之以社会资助绿色通道等的多形式结合资助体系。但是,贫困生缺少的不仅仅是物质,对这一特殊群体,国家社会及高校应给予更多的精神资助。

1. 高校贫困生精神贫困的表现

(1)心理贫困。一是强烈的自我心理。自卑心理是贫困生所有心理问题的根源,经济拮据,使贫困生与其他同学在物质生活上出现较大的反差;二是脆弱的自尊心理。贫困生能在较差的物质保障下考入大学,他们都有着比较强的成就动机,自尊心较强。三是明显的自闭心理。他们在行动上独来独往,不愿意与同学交流,不参加集体活动,虽然有融入群体的强烈愿望,但是不愿接受他人的同情和帮助,让人感到难以相处。四是严重的抑郁心理。主要表现为情绪低落、行动迟缓,常感到力不从心、思维迟钝,言语减少或沉默不语,伴随有失眠等反应。

(2)思想贫困。贫困大学生的思想贫困是指其由于缺乏正确的世界观、人生观和价值观所产生的不良思想倾向和道德滑坡等现象,主要表现为悲观情绪和消极思想严重和依赖思想严重,滋生享乐主义思想。面对家境贫寒所带来的学习和生活上的困难,部分贫困生缺乏积极向上的人生态度,不是鼓足勇气战胜困难,而是怨天尤人,悲观厌世,甚至失去了学习和生活的信心。有的贫困生在拿着银行贷款的同时,抽烟喝酒请客送礼,花钱大手大脚,泡网吧、谈恋爱,不努力学习,以贫困为借口一直向学校伸手。

2. 高校贫困生精神贫困的成因分析

(1)成长环境的变化。步入大学意味着成长环境的变化,必须调整自己以适应新环境。贫困生在这种调整中表现得更弱势而且社会支持的短缺更不利于他们自身调整,对其心理产生影响,不利于他们的健康成长。一些家庭基本生活困难,上大学使不少家庭债台高筑。父母对未来的美好憧憬几乎全部寄托在孩子身上,期待他们能改变家庭贫困的面貌。而且家中不时传来的各神问题和突然变故,更加重他们的心理压力。巨大的学习压力和心理压力对他们的身心健康是极大的挑战。

(2)就业压力增大和自我调适能力弱。一方面,贫困生可能因为社会关系网小而在竞争中处于劣势;另一方面,他们深刻体验到贫困地区与大城市的差别,期望能留在城市工作。这就增加了他们的就业难度,也加剧了他们的心理压力。

3. 贫困生自身心理问题

在实际工作中,我们发现有些贫困生不愿意被称为"贫困生",不少学生宁愿贷款、勤工俭学,也不愿接受社会和个人的资助。他们宁可自己艰苦一些,也不想让老师和同学知道自己的情况,拒绝外界的资助,最终导致心理贫困。

4. 高校贫困生精神资助的方法研究

(1)开展精神资助教育。开展贫困生教育工作时要处理好一般与特殊的关系,精神资助是一种理念,是将教育资助并举,资助与扶志并重。在精神资助的方式方法上,首先要处理好特殊与一般的关系。在资助工作中开展的诸如与困难学生谈话、与家长通信、指导困难学生撰写自强规划、参加励志讲座、诚信讲座、公益活动等精神资助方式都可以推而广之。

(2)设计精神资助产品时要注意系统化、全程化和多元化。学校可针对获得国家奖学金、国家励志奖学金、国家助学金和各种助学金的学生群体,开展"爱心奉献 回报社会"的教育活动,学校可以在市内的街道、社区、养老院、儿童村设立一批爱心奉献基地,长期并规范地组织获奖人和受助学生开展环保、送爱心到社区和街道、黄金周义务学游、义务家教等公益活动。

(3)开展资助项目时要进行项目评估并将精神资助效果纳入评估标

准。高校应当建立学生资助项目评估制度,定期推出学生资助工作报告。建立学生资助项目评估制度,邀请校内外专家对资助项目实施效果进行科学测评,发现问题和不足,并及时提出改进思路。只有做好了"精神资助"这篇文章,我们的贫困大学生资助工作才有可能持续、健康、和谐地科学发展。

第十三章

辅导员工作案例

案例一:"双转"模式打造学霸考研班级

小王是从环境科学专业转到我院生物科学专业的学生,开始他和其他同学一样凭借满腔热情和勤奋努力完成专业转化。但由于之前对所转专业缺乏充分、全面的了解和规划,并且难以适应我院较为严格和规范的管理方式,从而产生倦怠和茫然,出现了迟到、旷课等不良现象。

一、问题本质

像小王这样的学生在我负责的班级中占到了 50% 以上,他们来自 7个不同学院和专业,由于对班级、宿舍等管理方式不适应,该班级宿舍卫生情况、课堂考勤情况、班级宣传情况等均处于同年级后列,班级人心涣散,士气低落。我从专业思想教育入手,通过"转、聚、立、文、育、范"等六项教育措施,实现学生学业和专业思想的"双转"教育目标的实现。该班获得山东省先进班集体荣誉称号,27 人获得国家励志奖学金、学校一等奖学金等奖项。在全国研究生考试中,考研上线率近 80%。

二、解决思路

1. 转

打造双转模式,实现学生学业和专业思想的转变。班级学生面临两个转变:转变专业,转变思想。通过专业教育,进一步确定学生的专业认同。通过教育和引导,帮助学生适应新的环境和要求。

2. 聚

制定发展目标,凝聚全员力量。帮助班级制定共同的发展目标,凝聚和调动全班学生的力量,让全班同学跟着辅导员一起实现成长和进步。

3. 立

树立规矩意识,强化纪律观念。没有规矩,不成方圆。在班级中重新确立规矩意识和纪律观念,保证正常的班级秩序。同时,在管理中刚柔并济,既要有严格的纪律和规矩,又要尊重学生、理解学生,让学生体会到来自老师的关心和关怀。

4. 文

设计班级文化,实现文化育人。文化环境时时刻刻在影响着学生,充分发挥班级文化的育人功能,实现良好的班级建设和班级管理。

5. 育

教育学生骨干,发挥模范作用。学生干部是班级中的骨干力量,是班级具体事务的组织者、服务者、领导者和实施者,充分发挥学生干部的作用,扭转班级涣散的局面,加强班级建设。

6. 范

做到以身示范,展示管理形象。辅导员做事情公平、公正,对学生严慈有度,学生才愿意"亲其师",才会"信其道"。辅导员做到身正为范,为人师表,才能将教育和管理落到学生心里,转变为具体行动。

三、实施办法

1. 制定班级班规,坚持制度规范

通过调查问题、座谈等方式,征求学生的意见,共同制定班级班规。召开全体班会,指出班级目前存在的问题,研讨学校相关规定,提出班级管理细则。对违反班规的同学,一律严肃处理。班规实施后,班风有明显好转,迟到、旷课的学生人数明显减少,班级其他方面也大有改观。

2. 及时肯定表扬,注重情感激励

班风好转之后,我及时进行了表扬,尤其是对于表现较好的后进学生进行了全班点名通报表扬,学生得到激励和肯定,更有自信,对老师更信任,学习和自我约束的劲头再次提升。在进行入党积极分子评选、党员推荐、家庭经济困难学生认定等工作中,学生发扬风格,相互鼓励和支持,良好班风基本形成。

3. 明晰任务要求,树立目标导向

为了凝聚班级力量,我帮助班级制定了长期目标,即毕业时每个同学都能实现自己的考研或者就业梦想;制定了中期目标,即学期末全班学生成绩没有挂科,班级评比达到全院中上水平;制定了短期目标,即每个学生最近考勤都能做到全勤,保持宿舍卫生,积极参加学院组织的活动。有了班级目标,全班学生都有了动力。

4. 关照关爱学生,坚持以学为本

在班级学生提出困难时,我及时伸出援手并发动班级其他成员给予关怀和帮助。在重要的节日节点,及时送温暖。充分尊重学生,理解学生,师生之间的距离更近,对于辅导员的安排、学院的要求,学生更加理解,更加配合。

5. 处事公平公正,打造班级文化

作为辅导员,以身作则,做事情公平、公正。在进行班干部选拔、党员推荐、入党积极分子推荐、家庭经济困难学生认定等过程中,一心为公,在充分调研的基础上,公平公正地进行评选,学生对于评选结果毫无异议。同时,我帮助学生树立正确的价值观,学生有着良好的价值判断和价值选择,营造了风清气正的班级文化氛围。

6. 加强指导培训,提升学生能力

定期同班长、团支书等主要学生干部开展座谈和交流,及时了解班级学生情况,了解主要学生干部的工作思路,对他们进行指导和纠偏,督促他们在学习和工作中以身示范,做好模范带头作用。帮助他们处理好与同学的关系,充分发挥上传下达的桥梁作用。

四、实施效果

班级获得山东省先进班集体荣誉称号,在全国研究生考试中,全班 41 人,上线 36 人,考研上线率 87.8%。班级出现 1 个考研满贯宿舍,5 人考研成功宿舍 3 个,31 人考入"985""211"等名校。我被评为山东省高校优秀辅导员并获得聊城大学十佳辅导员等荣誉称号,我的教育管理经验被聊城大学网站和公众号宣传 3 次并在全校进行推广。

五、经验启示

1. 制定班级规章制度是关键

良好班集体的形成,必须有一个人人都遵守的班级规章制度。在制定班级规章制度时,做到充分调研和征求意见,简单可行,提高班级管理的效率和规范。

2. 选好用好学生干部是班级管理的基础

缺少得力的助手,辅导员很难做好班级管理工作。加强对学生干部的培训和指导,充分发挥班干部在班级中的管理、服务和教育作用,有利于良好班风形成,有利于班级管理的质量和效果。

3.良好的师生关系是班级管理的根本

辅导员在管理的过程中,要将解决思想问题和给予实际利益结合起来,帮助学生解决实际困难,真正围绕学生的成长和需求,学生才愿意服从和接受辅导员的教育和管理。

4.加强工作研讨是促进班级管理的内生力

辅导员工作具有较强的专业性,不进行研究,就会在大量的、反复出现的常规问题前重蹈覆辙、束手无策。加强总结、交流和研究,才能尽快掌握工作方法,才能让班级管理更加轻松、规范和有效。

5.提升辅导员专业素质和能力是班级管理的重要保障

辅导员是班级真正的管理者和领导者,辅导员的专业素质越全面、工作能力越强、水平越高,班级管理的效能就越好。因此,辅导员要加强培训和学习,提升自身的专业素质和能力,为班级管理做好保障。

案例二:信息化技术在新型冠状病毒肺炎疫情精准防控中的应用

2020年年初,席卷全国的新型冠状病毒感染的肺炎疫情突如其来,带来了紧张、焦虑和不安。高校是疫情防控的重点部门之一,高校学生数量多、分布广,疫情防控工作存在挑战。如何实现宣传教育到位、数据收集准确、疫情监测及时,做到疫情精准防控呢?

一、问题本质

新型冠状病毒感染的肺炎疫情是全国性的重大突发事件,寒假期间,学生分布五湖四海,高校疫情防控工作的重点是利用互联网等信息化技术对大学生进行远程教育与管理。核心是:首先,辅导员自身要提高政治站位,深刻认识做好疫情防控的重要性和紧迫性,牢记习近平总书记"疫情就是命令,防控就是责任"的要求,将思想统一到党中央的决策部署上,时刻将学生的生命安全和身体健康放在第一位,将疫情防控工作作为当下最重要的工作,打赢疫情防控阻击战。其次,根据学校党委部署和要求,结合实际情况,科学制定疫情防控方案和实施措施,做到及时行动、精准预防、尽早筹划、准确指导。最后,准确、及时掌握学生信息,确定重点,点面结合,对学生以及家长开展好宣传教育,引导学生及家长配合做好疫情防控。

二、解决思路

1. 统一站位,加强引导

疫情防控形势严峻、复杂,辅导员应充分利用信息化技术,将党中央的部署和要求传递和解读给每位同学,实现全体学生思想统一、步调一致。同时,做到信息的及时传达,努力实现通知信息全覆盖、无遗漏,保证每一个学生在家也能够及时了解学校和学院在防疫期间的工作部署、工作安排和工作要求。通过微信、QQ 等互联网交流工具时刻同学生保持联系,把新型冠状病毒肺炎疫情的严峻形势通报给学生,宣传疫情防治和健康生活知识,对学生居家学习进行督促和指导。

2. 全面排查,确定重点

在确定未有留校学生之后,学院对全体离校学生进行排查,确定防疫重点关注学生。首先,要排查是否有湖北籍尤其是武汉籍的生源,对该地生源进行特别关注。其次,对确诊、疑似、发热、武汉(湖北)人员接触史等特殊情况的学生进行排查,确定重点关注的学生。最后,及时了解学生的健康、居住地等情况,对学生健康上报和居家隔离进行督促和指导。提醒学生每日上报健康信息、现居住地信息。尤其是疫情防控期间,为避免感染,学校明令禁止学生无故返校。通过上报居住地信息,督促学生居家隔离,切勿返校。

3. 精准分析,科学防控

为做好开学准备,学院要充分了解学生返校时生源的分布情况、学生返校的交通方式,为学生安全顺利返校做好防控预案,从而在学生返校前、返校中和返校后对学生进行正确指导。

三、实施办法

1. 互联网技术助力各关键阶段宣传教育

利用企业微信等直播平台分阶段、分节点定期召开全体学生、学生干部的线上会议。疫情初,线上会议主题涵盖正确认识疫情、线上心理疏导等内容,帮助同学们充分认识疫情的严峻形势,积极配合学校、学院开展的疫情防控工作,同时,帮助同学们克服疫情突发面临的心理恐慌。疫情整个过程中,班会主题主要涵盖居家学习指导、健康生活指导、疫情防控参与等内容,指导学生科学规划时间、健康生活,在家开展"停课不停学"以及在保护自身安全的前提下积极参与疫情防控志愿活动等内容。在疫情防控的同时,充分利用疫情防控期间涌现的新闻热点、感人事迹和榜样人物,对大学生开展爱国主义教育、社会责任感教育、信息素养教育和科学精神教育等主题教育。

2. "通知推送系统"确保传达信息全覆盖

疫情初期,我们依托微信简道云技术迅速开发并启用了"通知推送系统"。通过该系统,疫情教育提醒和心理防范知识等防控信息可以一键实时向全体学生发送,学生只要安装微信就可以实时接收到学院下发的通知和信息,避免了信息传达的中转和遗漏,确保了通知和信息传达全覆盖、高时效。

3. "学生健康状况反馈系统"实现信息上报及时准确

为实时疫情监测,我们依托微信简道云技术开发了"学生健康状况反馈系统"。该系统将传统宿舍—班级—辅导员—学院报送模式升级为学生直达学院各层级的扁平化网络报送模式,将各层级管理人员由收取信息角色转变为监督反馈角色,杜绝各类人为因素导致的信息延迟和瞒报、漏报、误报。系统具有健康状况和学生位置异常预警自动反馈功能,可以实现高效、精准、科学防控。学生通过系统绑定的微信号和手机号直接进行信息填报,确保信息来源真实可靠,学生填报同时提交实时位置,信息收集方便、准确,数据汇总快捷、明了。教师在系统界面可以一目了然地看到学生填报的健康情况和上报人数等各项动态信息,实现信息无缝隙内部共享和查阅。

4."学生返校情况统计系统"保障学生返校时的科学防控

疫情即将结束时,学生在返校前、返校中和返校后如何科学有效防控疫情,是教育与管理面临的头等大事。为精准掌握学生的居住地分布、返校地分布、返校交通方式等信息,降低返校过程中疫情传播风险,我们开发了"学生返校情况统计系统",系统可以实现数据绝对真实准确、一键快捷导出分地市、分年级数据分析报表并确保100%零失误,极大提升了报送数据的精准度和便捷度,为精准研判学生返校情况,制定学院重点教育和精准指导提供了数据决策依据。

四、实施效果

1.教育管理,效果明显

疫情防控期间,学生思想稳定,积极向上,能够积极配合和参与学校、当地防控防疫工作,其中,学院10余名同学自愿参加了居住所在地的防疫志愿服务活动,有两位同学表现突出,收到校外两个单位的致谢信函。

2.信息传递,高效快捷

自疫情发生以来,通过系统累计向全体学生发送疫情教育提醒12次,阅读量达16 000人次。

3.精准排查,防范风险

疫情初期,精准排查到经过武汉、与武汉往来人员或疑似病例接触者等重点防控对象19名,全部进行了跟踪关注,于14天后全部解除风险。

4.信息反馈,科学全面

为防范松懈的情绪和行为,系统添加了健康状况和学生位置异常预警自动反馈功能。累计收到各类数据数万条,安全预警提醒数十次,实现了安全教育覆盖 100%,学生健康状态反馈 100%,预警提醒跟进关心关爱 100%。

五、经验启示

疫情是一次大考,经此一役,更加凸显了推进高校治理体系和治理能力现代化的紧迫性和重要性。习近平总书记说:"凡益之道,与时偕行。"高校辅导员要结合新形势,加强意识,提升素养。

1.教育管理与治理要"意识强"

首先,辅导员要增强"四个意识",具有高度的政治站位,切实把思想统一到党中央重大决策部署上来。其次,牢固树立"以生为本"意识,对待学生在感情上贴近,在思想上尊重,在作风上深入,在工作上依靠,在生活上关心,获得学生的认可和支持。最后,树立"三因"意识,既在开展思想政治工作时要因事而化、因时而进、因势而新,紧密结合时事热点开展育人工作。

2.教育管理与治理要"素养深"

高校辅导员要不断提高信息化素养。一是增强参与信息化建设的主体意识。辅导员要重视互联网、用好互联网,将信息化建设有效地运用到教育与管理过程中。既要对已有的信息化平台和资源进行充分利用,也要根据学生的特点和个性化需求来创造性地推进信息化建设,使学生工作信息化朝易用性、平台性和拓展性方向发展。二是要努力提升自身的大数据素养。大数据是信息化发展的新阶段,高校辅导员要将提升自身的大数据素养作为基本要求,以利用和发展大数据来提高思想政治工作的实效性。通过对大数据的获取、分析和利用,有效地对学生思想和行为进行判断和预测。

案例三：转专业班级的班委选拔风波

大学二年级刚开学，来自学校 7 个学院的 44 名学生通过"双向选择"的方式，从 10 余个不同的专业转至生物科学专业，组建了一个新的班集体。新建班集体，要组建新的班委会成员。由于大部分学生不熟悉，我通过提前考察以及个别谈话的方式确定了临时负责人，经过 1 个月的时间，班级成员互相熟悉之后，我组织了班委会竞选，通过公开竞聘的方式进行选拔和任命班委会成员。根据民主评议和评议票数，初步确定班长、团支书等班委人选，还没有正式宣布任命，当天晚上深夜，一名竞聘学生小王（化名）给我私发短信，提出票数较高的班长（小李）工作能力不足，自己之前在本学院曾经担任班级团支书，有一定的工作经验和管理能力，想担任班长一职。通过进一步沟通，辅导员了解到小王在转专业之前，曾经担任过团支书，具有一定的工作能力，但是在本次竞选中由于各种原因票数不是很高，小王心存不甘，想极力争取担任班长或者团支书。

一、问题本质

小王感觉班长和团支书的职位对于班级管理来说更加重要，而且在评奖评优中存在优势，所以只想争取班长或者团支书，不想担任班委。小王提出拟聘的小李存在工作能力不强的问题，表现在工作安排存在简单粗暴的情况，相对原来的学院，目前学院的管理制度更加严格，自己以及班里刚转入的学生都感觉非常不合理。

二、解决思路

1. 了解学生诉求

学生提出疑问和诉求，作为辅导员要迅速反应和及时处理。学生提出要担任班长，辅导员要根据评议的实际情况和学生的个人素质，做出判断。

2. 掌握实际情况

小王提出票数较高的小李工作能力不足,要通过走访、座谈和调研的方式了解小李的实际工作情况,是否在投票的过程中存在拉票等不良行为,是否与班级成员之间存在一定的矛盾。

3. 开展具体指导

如果拟聘班长能力尚可,准备任命,辅导员要针对其他班级成员提出的建议有针对性地对小李等拟聘班干部进行具体指导,提升他们的工作能力,维护他们在班级中的威信。

4. 树立正确价值观

小王提出想当班长,但是无意担任其他班委,说明学生可能存在一定的功利思想,辅导员要充分肯定学生积极为班级服务的意愿,但是要指出学生出现的明显问题。

5. 帮助适应环境

由于部分学生从别的学院转入我院,在管理模式、教育环境、课程学习、人际关系等方面都要进行第二次适应,辅导员老师要引导学生适应新的环境,尽快步入正轨。

6. 形成管理合力

辅导员要帮助竞选成功的班干部树立威信,明确班干部的职责和要求,调动班级全体学生的积极性,支持和配合班干部的工作,让班级全体成员成为班级建设的实施者、参与者和班级建设成果的受益者。

三、实施办法

1. 个别谈话,了解学生的意愿和诉求

接到小王的问题反映短信后,辅导员立即进行了回复,询问学生的想法,对竞选的流程和要求进行简要解释。由于时间已晚,辅导员同小王约定了时间进行进一步的详谈。通过个别谈话,辅导员向学生进一步阐明了班干部竞选的规则和流程,明确任命的主要依据。辅导员邀请小王担任班级委员,但是小王拒绝了。

2. 座谈调研,掌握反映问题是否属实

针对小王提出来对小李的质疑,辅导员组织部分班级成员进行了座谈和调研。通过调研发现,投票过程中不存在贿选的情况,小李的得票比较高,主要原因在于大部分班级成员对小李的工作态度和工作能力抱持肯定态度,虽然小李在布置任务的时候有时候表现得比较直接,但是,班级成员还是能够接受和支持的。况且,拟聘的班长为男生,拟聘的团支书为女生,相对两位同性的主要班干部,在安排和部署班级任务时更加便利和周全。辅导员通过观察,发现小李虽然担任主要学生干部的经验有一定不足,在其他方面还是有一定的优势的:比如小李的思想品德比较端正,态度比较认真,在担任临时负责人期间,还是能够尽职尽责地完成班级管理任务的。辅导员将调研结果等情况同小王进行了进一步的沟通。

3. 个别谈话,教育和引导小王树立正确的价值观

辅导员掌握了班级学生对小李的支持情况后,将谈话结果同小王进行了反馈。同时,教育和引导小王树立正确的价值观。要充分认识到班干部的服务功能,意识到担任班干部更多的是付出和奉献,不是因为获得更多评奖评优机会而担任班干部,而是通过担任班干部锻炼自身的素质和能力,不是只有班长才能为班级做贡献,作为班委和普通学生,都可以为班级服务,获得老师和班级成员的认可。为了获得评奖评优或者推优入党的机会而担任班干部的思想是错误的,是当不好班干部的。辅导员鼓励小王好好学习,同时积极参与班级的活动。

4. 加强对班长、团支书以及班委成员的培训和指导

结合小王反映的问题,辅导员召开了班委会会议,针对班干部的"官僚作风"问题、简单粗暴问题进行了情况反馈,指导班干部在与学生沟通和交往的过程中注意态度、语气、措辞,牢固树立服务意识、平等意识、奉献精神,转变工作作风,赢得班级成员的认可和拥护。辅导员组织班干部经验

交流会,邀请有经验的、表现突出的班委传授经验,帮助新任班委会成员快速学习和成长。

5. 逐一谈话与主题班会相结合,加强同班级学生的沟通和交流

辅导员逐一同班级成员进行谈话,了解转专业后学生面临的实际困难和适应情况,通过逐一指导,帮助班级成员适应新的环境。召开学习、适应、思想等主题班会,针对学生面对的共性问题,开展经验交流、经验分享、主题演讲等,帮助学生尽快转变角色,让生活学习步入正轨。同时,通过召开班会,建章立制,调动全体成员的积极性,提升班级的凝聚力和向心力。

四、实施效果

1. 反映问题的学生积极配合

经过辅导员的多项举措,反映问题的小王充分认可了选拔结果,在班级管理中非常配合班干部的工作。同时,经过辅导员的教育和引导,虽然没有实现担任班干部的愿望,但是,小王努力学习,认真参加学校和学院组织的学科竞赛活动,取得优异成绩。由于小王成绩突出,获得研究生推荐免试的资格,实现了人生的目标。

2. 班干部工作方法适当

经过辅导员的定期培训和个别指导,班长等班干部骨干表现得非常认真和负责。班长对学校和辅导员的工作部署落实得力,对班级成员关心关爱有加,班级成员能够支持和拥护班长的工作,班长本人奋发图强,平衡学习和工作的关系,高分考取研究生,完成大学奋斗目标。

3. 班级形成良好的班风

辅导员的教育和引导适当,班级成员具有正确的价值观、世界观和人生观,班级具有正确的舆论导向,班级整体阳光、向上。班级成员能够理解和认可辅导员和班干部的工作,在各个方面予以支持。班级成员学习成绩良好,三分之二的班级成员成功考取研究生。

五、经验启示

1.辅导员要引导学生干部树立服务意识和奉献意识

辅导员要在班级营造氛围,通过主题班会、座谈会、个人谈话等方式做好宣传教育,引导学生树立正确的竞选动机,帮助学生干部牢固树立服务意识、责任意识和担当意识。教育引导学生充分明确学生干部的意义,学生干部是班主任老师的左膀右臂,是班级全体学生的领头雁。学生干部岗位对学生的综合素质培养和提升具有重要作用,辅导员要鼓励同学们积极参加学生干部竞选,在为学生服务中提升本领,成就自我。

2.辅导员要做好充分调研

在进行竞选前,辅导员可以通过面对面谈话的方式,初步了解学生的思想动态、性格特点、特长爱好等,通过谈话,也可以增进师生之间的信任度和亲密度。做好充分调研,了解学生的人际关系情况,了解学生在班级同学中的心理期望和地位,有助于辅导员选拔和任命受学生认可和拥护的学生担任主要学生干部。通过调研最后确定的学生干部,一般能够得到班级同学的支持,有助于班级稳定和团结,有助于班级工作的开展和推进,有助于整个班级建设和管理。

3.辅导员要处理好同学之间的关系

在班干部竞选过程中,因为存在一定的竞争,如果处理不好,容易让竞选的学生之间产生矛盾,不利于班级团结,不利于新上任学生干部的工作开展,作为辅导员老师,要做好保密工作,对于一些问题不宜于大肆宣扬,引起学生之间的矛盾。作为辅导员老师,也要做好教育和引导,一方面,要引导成功竞聘的学生正确认识竞选,树立大局意识,拓宽胸怀格局。

案例四:"发展型"资助工作体系的构建

我国资助政策逐步完善,从制度上保障了"不让一个学生因家庭经济困难而失学"。但是,随着资助育人理念不断更新、互联网技术的迅猛发展、新的学生群体步入校园等新形势出现,资助育人工作面临新的机遇和新的挑战。党和国家、政府对高校资助工作也提出了新的要求。教育部原副部长杜玉波在高校资助育人工作座谈会上指出:我国已经建立起覆盖从学前教育到研究生教育的国家资助政策体系,从制度上保障了"不让一个学生因家庭经济困难而失学"。在当前推进教育改革和国家脱贫攻坚战略的新形势、新任务、新要求下,学生资助工作的重点是:精准资助和资助育人。要紧紧围绕"立德树人"这一根本任务,将培养青年学生全面发展作为资助育人工作的目标,围绕"一个核心"——社会主义核心价值观,培养学生"两项能力"——创新能力和实践能力,开展"三类教育"——诚信教育、励志教育和社会责任感教育,塑造学生四种品质——自立自强、诚实守信、知恩感恩、勇于担当。

一、问题本质

我院现有的师范专业学生中家庭经济困难的学生所占比例较高,部分班级家庭经济困难学生占到全班总人数的30%以上。家庭经济困难学生的资助实效性是辅导员面临的重要课题之一。

二、解决思路

家庭经济困难学生是高校中特殊的学生群体,受家庭经济压力、学业压力、就业压力、朋辈压力、自我认知偏差等因素影响,不仅需要经济资助,同时需要学业、精神和心理帮扶,因此,在实施经济补助的同时将"育人使命"贯穿到资助过程的全过程,把社会主义核心价值观融入受助学生的教育之中,促进学生全面发展,努力构建发展型资助工作体系。

三、实施办法

积极推动保障型资助向发展型资助工作模式转变,根据学院每一名家庭经济困难学生的困难原因、困难程度和心理特征等特点和不同,积极探索经济资助、心理辅导、精神帮扶、学业指导、能力提升"五位一体"的发展型资助体系。

1. 构建经济资助体系

家庭经济困难学生认定是落实经济资助工作的前提。因此,构建精准的经济资助体系必须建立健全四级资助认定工作机制,采用家访、大数据分析和谈心谈话等方式,合理确定认定标准,建立家庭经济困难学生档案,实施动态管理。学院成立了由学院领导为组长的认定工作小组,对家庭经济困难学生认定制定明确具体的程序:学生申请—民主评议—学院审核—公示为保证数据的准确性,学院及时更新困难学生数据库,实现对贫困学生信息的网络化动态管理。在困难学生认定方面,学院通过实地走访、调研、座谈等方式,通过大量的数据,准确了解和掌握困难学生家庭经济情况,确定具有针对性和实效性的个性化资助方案。

2. 帮助舒缓家庭经济困难学生的双重压力

家庭经济困难的学生承载着振兴家庭的希望,入学之初便带有沉重的学业和就业压力。同时,承受着来自朋辈群体的心理压力,常表现出自卑与自尊的矛盾心理特点,他们对自己的事情非常敏感,容易产生情绪与情感上的强烈波动,为了掩饰自己在经济上的贫困,往往不愿意主动去申请学校提供的资助,不愿意向老师和同学说明情况,甚至不愿与人主动交往,更不愿别人触及自己的内心世界,久之则产生远离群体、自我封闭的心理及行为,出现人际交往障碍。这类学生很容易因经济贫困而产生精神迷茫和心理困惑等一系列个性特征和心理健康方面的负性变化。因此,学院紧密结合新生心理普查,积极开展家庭经济困难学生心理健康状况辅导,构建教育教学、实践活动、咨询服务、预防干预、平台保障"五位一体"的心理健康教育工作模式,提高学生心理素质,促进学生身心健康成长。利用微信、QQ开展线上、线下相结合,团队心理帮扶和个别谈心谈话相结合的心理帮扶工作。

3. 精神帮扶体系

学院学生资助工作坚持育人为出发点和落脚点,坚持"扶困"与"扶志"相结合,促进受资助大学生健全人格的养成。学院利用"空中课堂",采用大学生喜闻乐见的形式,结合资助工作的特点和内涵,开展社会主义核心价值观的宣传教育。全方位落实"诚信、励志、感恩"主题教育。充分利用每年奖助学金评定的契机,加强对大学生的思想政治教育。学院通过召开颁奖大会、院系班级表彰会、专题班会、座谈会、签订承诺书等形式,加强对大学生的诚信和感恩教育,让广大获得奖助学金的学生珍惜这来之不易的荣誉和帮扶,使他们学会饮水思源,从而激发他们勤奋学习,积极向上。另外,对于没有获得奖助学金的学生也应加强教育,鼓励他们端正态度、调整心态,在利益面前要经得起考验,自觉追求"见困难就上、见荣誉就让"的崇高境界。

4. 学业指导体系

家庭经济困难的学生,经过高考厮杀脱颖而出,父母常对其寄予厚望,因而这类学生入学之初便带有沉重的学业压力,如不能进行及时的心理辅导,长此以往容易出现焦虑、抑郁等心理问题。学业指导一方面可以帮助学生掌握正确的学习方法,帮助其在学习中找到自信,提高其学习能力;另一方面,可以让学生在学习中树立正确的价值观念,消除心理困惑,保持积极阳光的心态。具体来说,学院搭建了学习交流平台、开展学术论坛交流、提供创新科研资助,帮助有学业或者学术研究困难的学生提高学习水平和专业技能,增强社会竞争力。学院给家庭经济困难的学生配备了专门的导师,进行专业和学习指导,帮助他们更好地完成学业。

5.能力提升体系

家庭经济困难学生不仅承受着巨大的学业压力,毕业时因为社会资源相对匮乏,社会支持网络较窄等,在求职竞争中必须具备更强的综合实力才能脱颖而出。学院引导鼓励受助学生参加创新创业项目,给予其更多的创新创业机会以及创新创业就业指导。通过创新引领、项目驱动等方式,提高学生的成长发展能力和社会竞争实力。

四、实施效果

坚持发展型资助育人理念,重点是激发家庭经济困难学生的内生动力,取得了良好的效果。

1.受助学生的理想信念不断坚定

广大受助学生的思想政治水平不断加强,学生能够坚定理想信念,坚定跟党走的决心,积极参加思想政治教育主题教育活动,90%的受助学生提交了入党申请书。

2.榜样力量不断突显

学院1名受助学生获山东省向上向善好青年荣誉称号,1名受助学生的事迹在《中国青年报》上刊发。1名学生获中国自强之星荣誉称号。

3.受助学生感恩意识较强,社会责任感不断提升

受助学生积极参加公益活动,开展援疆支教、留守儿童支教和关爱等活动,以实际行动知恩感恩、回报社会。

五、经验启示

1.解决思想问题和解决实际问题紧密结合

作为辅导员,要通过座谈、个别谈话、个人申请等多方面的措施,排查家庭经济困难学生,鼓励家庭经济困难学生大胆申请资助。部分家庭经济困难学生比较敏感,辅导员必须及时发现,给予关心关爱,坚持解决思想问

题和解决实际问题相结合。在帮助学生缓解经济困难的同时引导他们充分认识到国家和社会对家庭经济困难学生、对青年大学生的关心和关爱，树立正确的人生观、价值观和世界观。

2. 实现由被助向自助转变

针对家庭经济困难学生，辅导员应该将资助学生和教育引导学生自助结合起来，着力提升家庭经济困难学生的学习能力、沟通能力、职业规划技能、就业技能等，促进学生的自我发展，提高学生的综合素质，掌握谋生本领，从而摆脱贫困。

3. 加强心理健康教育

相对于普通学生，家庭经济困难学生具有较强自尊心，部分学生因为受到家庭经济的影响，比较自卑，比较敏感。要及时关注家庭经济困难学生的思想状况和心理状况，尤其是对家庭突发变故的困难学生，要及时给予关心和支持，增强学生的心理建设。要针对家庭经济困难学生开展形式多样的心理健康教育活动，鼓励他们自我认同、提高自信。

案例五：学困生的转化与教育

2014级1班学生小李，男，该生在大二第一学期期末考试中多门考试不及格，尤其是英语，成绩接近个位数。学生存在旷课、迟到等行为，出现厌学情绪。

一、问题本质

通过与该生以及班级内其他同学了解情况得知，该生基础薄弱，尤其是对英语的学习兴趣不大，由于多次在英语考试中成绩不理想，认为自己不适合学英语，大二开学初曾有过转到其他专业的想法。

二、解决思路

1.增强学习信心

辅导员老师要定期与该生谈心,帮助学生树立学习的信心,鼓励并督促他付出更多的时间,努力学好英语。

2.加强朋辈帮扶

辅导员老师应该组织班级内学习优秀的学生对该生日常学习进行帮助和监督,通过朋辈帮扶,帮助他掌握学习方法,提升学习成绩。

3.提供现实支持

辅导员帮助和督促该生收集、整理适合他的学习资料。针对该生,提供较详细的帮扶方案,培养学生的英语学习兴趣,帮助学生寻找并掌握适合他的英语学习方法。

4.加强沟通交流

鼓励学生多与任课教师交流,积极向各位任课教师请教学习中遇到的困难,探讨应对的方法和策略。

三、实施办法

(1)为了帮助该生端正学习态度、提高学习成绩,本学期辅导员定期、多次找该生谈心询问他的学习情况。发现该生有学习懈怠的倾向时,对其进行及时规劝。通过谈心了解该生的思想动态,帮助其端正学习态度。

(2)同学之间相互交流是行之有效的学习方法,班级里有许多成绩优异的学生,鼓励该生多与成绩好的学生交流学习经验,有助于成绩的提高。督促该生向听力成绩好的同学学习听力技巧;与口语好的同学一起对话矫正发音;与写作成绩突出的同学互换写作练习相互修改;向语法好的同学询问如何分析句式、段落、文章;向阅读好的同学学习阅读技巧、培养阅读中定位关键词和中心句的能力。

（3）推荐该生阅读资料室内适合该生的杂志、小说，逐步培养英语学习兴趣，提高英语阅读与写作水平。

（4）鼓励该生在课前认真预习、课上与老师配合尽量跟上老师的进度、课间有不懂的问题及时向老师询问、课后复习，每门课都坚持做好完整的学习笔记。

四、实施效果

学生的学习态度有明显好转，旷课、迟到的行为次数显著减少。学生的学习成绩有了明显提升，在大二第二学期考试中仅有 1 门不及格。

五、经验启示

（1）学好英语非一日之功，面对英语基础薄弱的学生不能操之过急，要以平和的心态与其交流，帮助学生发现学习中的问题，提出有效的解决办法。帮助学生树立学好英语的信心，向学生强调英语的重要性，使其正确对待、珍惜自己专业。

（2）班级整体的学风建设与每个学生的学习息息相关，定期召开学风建设班会，组织优秀学生学习方法交流会，有利于整个班级树立优秀的学习风气。只有在一个人人都积极向上、视学习为首要任务的班级里，才能带动成绩差的学生端正学习态度、努力学习，不断挑战自己、完善自己。

参考文献

[1]莫秋树,罗兰芬,樊永生.大学生国防与军训[M].桂林:漓江出版社,2014.

[2]苏森.军营岁月:学生军训必读[M].兰州:敦煌文艺出版社,2010.

[3]李佳威,包大为.新时代中国青年历史使命的理论内涵与实践指向[J].浙江工商大学学报,2020(3):22-31.

[4]王亚男.曾国藩家教思想及其当代启示[D].大连:辽宁师范大学,2015.

[5]吕保霖.曾国藩家庭德育思想及其价值研究[D].桂林:广西师范学院,2016.

[6]冯海阳.曾国藩家庭教育思想的历史演变[D].大连:辽宁师范大学,2014.

[7]檀传宝.德育原理[M].北京:北京师范大学出版社,2017.

[8]姜志明,王保勇.我国青少年学生体质健康的现状与未来[J].中国青年社会科学,2014,33(5):71-73.

[9]万千,周国桥."第二课堂成绩单"制度下高校团支部建设质量提升路径探究[J].学校党建与思想教育,2020(20):75-77.

[10]黄文芳.以"第二课堂成绩单"制度为依托促进高校实践育人:以玉林师范学院为例[J].科教文汇,2020(32):29-30.

[11]张力."第二课堂成绩单"制度的实施方法探索[J].陕西青年职业学院学报,2020(4):69-72.

[12]陈众,王真,殷洁.三全育人视域下的第二课堂体系建设[J].中国中医药现代远程教育,2020,18(20):165-167.

[13]程静.高职院校"第二课堂成绩单"制度实施现状、困境以及对策[J].科教文汇,2021(1):139-140.

[14]陈从楷.谈新媒体与大学生思想政治教育[J].教育探索,2011(9):

122-123.

[15] 侯文军.理工院校艺术类大学生的特点及教育管理对策[J].学校党建与思想教育,2010(35):54-55.

[16] 易连云,兰英.新媒体时代学校德育面临的危机及应对策略[J].师资建设,2017,30(5):37-40.

[17] 王沛.上好创业实践课(点睛)[N].人民日报,2016-04-08(10).

[18] 曾尔雷,黄新敏.创业教育融入专业教育的发展模式及其策略研究[J].中国高教研究,2010(12):70-72.

[19] 徐小洲,叶映华.中国高校创业教育[M].浙江教育出版社,2010.

[20] 杨文燮.90后青年创业现状及其促进机制研究[J].中国青年研究,2015(10):88-93.

[21] 吕京,张海东.大力推进高校创新创业教育[N].人民日报,2020-04-16(9).

[22] 王建华.创新创业、企业家精神与大学转型[J].教育发展研究,2019,39(11):1-7.

[23] [美]约瑟夫·熊彼特.经济发展理论[M].何畏,易家详,等,译.北京:商务印书馆,2019.

[24] 李锺文,威廉·米勒,玛格丽特·韩柯克,等.创新之源:硅谷的企业家精神与新技术革命[M].陈禹,等,译.北京:人民邮电出版社,2017.

[25] [美]彼得·德鲁克.创新与企业家精神[M].蔡文燕,译.北京:机械工业出版社,2019.

[26] 刘海滨.大学生创业价值观转变的影响因素研究[J].思想政治教育研究,2019,35(1):154-160.

[27] 寇垠,刘宇初.图书馆拓展创新创业服务研究综述与展望[J].图书馆,2018(3):99-105.

[28] 杨红,许静,刘蕾.基于阅读辅导的大学生创业教育体系研究[J].河北联合大学学报(医学版),2015,17(4):66-68.

[29]杨小溪.高校图书馆创新创业服务实践研究[J].图书馆建设,2019(4):
   146-151.

[30]江新.美国高校图书馆创业服务实践及其启示[J].图书馆建设,2018
   (5):54-58.

[31]易连云,兰英.新媒体时代学校德育面临的危机及应对策略[J].高等教
   育研究,2010(5):67-70.

[32]钱珺.浅谈微博时代高校辅导员工作的方法创新[J].教育理论与实践,
   2011(36):47-49.

[33]赵曙光.公共舆论:新媒体时代思想政治教育的重要资源[J].中国报
   业,2011(20):69-70.

[34]郑元景.新媒体环境下高校思想政治教育实效性探析[J].思想政治教
   育研究,2011(11):107-109.

[35]王瑾.提高大学生自主学习能力的几点思考[J].中国成人教育,2011
   (17):135-136.

[36]朱晓宵.校园阅读需求载体研究[J].科技风,2019(4):321.

[37]杜杨芳.高校图书馆大学生阅读需求建设探析[J].湘南学院学报,
   2015,36(3):117-119.

[38]陈好敏.高校图书馆推动大学生阅读需求建设探究[J].新阅读,2021
   (1):59-60.

[39]宋雅琳.全媒体时代高校图书馆阅读需求之转型[J].图书馆界,2017
   (4):50-53.

[40]程文艳,张军亮,郑洪兰,等.国外高校图书馆推广阅读文化的实例及启
   示[J].图书馆建设,2016(5):47-50+54.

[41]刘洋.高校图书馆阅读推广与阅读需求构建[J].新阅读,2020(10):
   56-57.

[42]师宇明.基于经典阅读的高校图书馆阅读需求建设[J].晋图学刊,2016
   (5):44-47.

[43]罗兴社,马莎,赵大志,等.知识管理视域下图书馆隐性知识的分享与转化策略探究[J].图书馆研究,2015,45(1):39-43.

[44]习近平.把思想政治工作贯穿教育教学全过程[EB/OL].(2016-12-08)[2021-2-24].http://www.xinhuanet.com//politics/2016/12/08/c_1120082577.htm? from=groupmessage&isappinstalled=0.

[45]丁璇,孔超.近五年高校图书馆阅读推广研究进展与分析[J].图书馆学刊,2017,39(8):99-105.

[46]周肇光.高校图书馆在全民阅读中应发挥正能量引导作用:对图书馆学界相关阅读研究文献评述[J].图书馆工作与研究,2017(1):89-93.

[47]马文飞,丁媛.高校图书馆阅读推广可及性评价研究[J].图书馆工作与研究,2020(10):61-67.

[48]刘宏.我国高校图书馆数字阅读推广服务研究[J].图书馆工作与研究,2020(5):66-70.

[49]石乃月,马迪倩.图书馆直属学生社团为主导的高校阅读推广调研与思考[J].图书馆工作与研究,2019(7):20-25.